真正強大的人
都不怕得罪人

9 大工具，化解 6 大關係難題
從良性衝突中獲益

VUCA 人力資源諮詢平臺創始人 **湘萍** / 著

suncolor
三采文化

目錄

第2章

重建內心秩序，減少無效衝突

第3章

面對他人刁難，打開上帝視角

第4章

讀懂陌生人怒點，遠離社交雷區

第5章

真正的職場狠角色，從不濫用鋒芒

第6章

真正的好伴侶，懂得怎樣好好鬧情緒

第7章

不吼不叫的家長，也能養出好孩子

第8章

與父母和解，就是跟過去的自己和解

第9章

停止自我衝突，做個內心強大的人

前言

不是所有衝突都是壞事

害怕衝突是多數人的本能反應。但事實上，不是所有衝突都是壞事。衝突既有惡性的也有良性的，如果沒有意識到這點，就表示你對衝突一直存有偏見。

承認自己抱持偏見，不是一件容易的事情；直面自己的偏見，更是需要除了勇氣以外的很多因素。其中，時間的催化和生命的成熟，就是不可或缺的部分。

我對衝突的態度大概經歷了以下幾個階段。第一階段，從別人口中得知自己不擅長處理衝突，比如「妳脾氣真好」、「妳也太好欺負了」等等。第二階段，在被動探索自己的過程中發現：有一類人就是不喜歡衝突。我就是這樣的人。在各種職業性格測試或優勢識別工具中，我的前三名特質都是

「尋求共識、善解人意、排憂解難」。我總是儘量避免和人發生衝突。

第三階段，我開始有意識地「揚長避短」。我會在衝突即將來臨時用一些技巧去迴避正面衝突。比如避免面對面談話，或者主動更改對話時間等等。第四階段，我意識到自己對衝突存有偏見，並開始和這些偏見對話，嘗試瞭解自己、接納自己，並有計畫地改變自己。

這本書，就是我站在第四階段的回顧和總結。

我試著從多個視角去觀察各種人際衝突，用多種工具來解釋衝突對大部分人來說意味著什麼。在前三章裡，我分別從不同視角出發，探索了「衝突是什麼」、「一般人眼中的衝突為何」、「我們為什麼會和別人起衝突」，以及「別人為什麼要和我們起衝突」等一系列問題。這些問題看上去雖不難回答，但很多人都沒有仔細思考過它們背後的真實原因。我也是在寫作過程中，才有了這些體悟。作為衝突管理的探索者，我非常清楚「知道」和「做到」之間有著天壤之別。所以，我會用視覺化工具和模型，幫助大家尋找適合自己的切入點。

比方說，想要打破衝突慣性時，你可以利用「衝突畫布」；情緒即將爆發而喪失行動力時，就可以運用「認知三角形」；尋求處理人際衝突的方案時，就使用「衝突處理四象限」。這些視覺化工具，不僅能讓我們迅速找到行動的突破口，還能幫助我們培養全新的思維。

當你足夠熟練時，就會發現很多模型的底層邏輯都是相通的。你可以舉一反三。

模型和思維可以豐富我們對衝突的理解，但是，衝突畢竟出現在人際關係中，我們仍舊必須直面問題。因此，在後面幾章裡，我探索了不同人際關係的衝突特性。雖然我主張在衝突中首先要「向內看」，但這種做法必須建立在充分瞭解人際關係的基礎上。

在陌生關係、職場關係、兩性關係、親子關係、原生家庭關係和自我關係中，都可能出現衝突。這時候，是選擇正面對抗，還是扭頭逃避？是不惜得罪人也要主張自己的利益，還是隱藏個人需求，做個爛好人？是據理力爭，還是一味讓步？又或者，我們能否找到一個實現良性衝突的辦法？

真正強大的人，是不怕「得罪人」的。他們碰到事情不會唯唯諾諾，也不會一味爭強好勝。他們深知衝突的破壞力，因此善於將其化為人際關係的推手。透過適度、合理的衝突，改善人際關係，這就是良性衝突的精髓。

這本書雖然不會給你一個標準的終極答案，卻可以讓你多一個看待衝突的角度。成年人的成長就是這樣——不斷豐富自己看待世界的角度，學習在不同視角間切換自如。與其讓一本書告訴你該怎麼做，不如試著從中練習如何看見、如何思考，如何認知、接納與成長。

衷心祝願每個人都能從良性衝突中獲益。

第1章

衝突不可怕，而是改變關係的轉機

衝突不是敵人，偏見才是

自有記憶以來，我就是一個極其厭惡衝突的人。

我反感、迴避甚至懼怕任何可能帶來衝突的人際關係。為了不與外界發生衝突，我經常壓制自己內心的需求，做一個妥協者。很多人認為我溫柔、隨和、善解人意，但他們不知道，這是因為我對對抗關係有著深深的恐懼。換句話說，比起滿足自己的需求，我覺得「相安無事」更重要。

避免衝突，是我在所有關係中最大的需求。

衝突讓我惶恐不安，讓我質疑這段關係存在的必要性。我甚至不敢直面任何可能引起他人尷尬和不適的狀況，以免對方的尷尬成為衝突的起點，而我則要為之負責。

一段不尷尬卻很遺憾的回憶

上學時，班裡有個男生，經常跟大家說一些無趣又不著邊際的話。我現在已經想不起來他當時都說了什麼，只記得每次我都面帶微笑地聽完，甚至會附和一兩句。好友因此經常感慨：「妳脾氣真好，竟然每次都能聽他說完，還不打斷。班上也就只有妳能聽他聊幾句了。」

其實，我根本不是脾氣好。我內心也時常吐槽：「這傢伙到底在說什麼？」我只是覺得，如果終結了這一段對話，就可能會讓他尷尬，進而引發衝突。

十多年過去了，我對這段關係的印象只剩下一個模糊的畫面：他滔滔不絕地說，我不失禮貌地聽。我在他身上浪費了那麼多時間，卻沒記住任何有價值的東西。

試想一下，如果我當時大膽地問他一句：「你對我說這些有什麼意義？」我們也許會展開一段令人不快的對話，但正因為這種不快，我現在或許還會記得他的隻言片語，他也可能會改變我對某些事情的看法。甚至，我們可能成為朋友，不至於畢業後再也沒有聯繫。

衝突真的是壞事嗎

我一度認為衝突只會破壞關係、終結關係，讓我陷入人際困境，但我忘了，即使沒有尷尬、對抗或衝突，我和對方的關係也會隨著記憶消散。

當自我認識不斷加深，我逐漸意識到：我在迴避衝突的過程中失去了很多關係，甚至失去自我。我開始自問：衝突一定是一場災難嗎？衝突一定會阻礙關係發展嗎？衝突是否可能成為美好的起點？衝突是否可以成為促進關係的幕後推手？

所謂「避免衝突」，就是要所有人在所有事上都贊同彼此。我們都知道，這根本不可能，但這正是我一直在追求的狀態：避免衝突，建立和諧的關係，永遠沒有對立。

即便能達到這種狀態，在這之下的關係也是索然無味的。**回首過往，讓我記憶深刻的，不是那些沒有任何爭執的來往，而是衝突過後依然存續的關**

係，它們成了我一生的財富。

把視野放得廣闊一點——我們所處的世界，沒有哪種進步不是因衝突而產生的。從某種視角來看，人類的歷史就是一部族群衝突史，科技的發展則是以人類欲望和能力間的衝突為契機，文學作品更是以衝突為主要著力點，所有成功的變革都立基於激烈的衝突。可以說，衝突是人性最重要的一部分，深埋在我們的基因裡，延展在我們和外部世界的連結中。

我們應該如何看待衝突

任何關係都存在不同或對立的目標、認知與感情，因這些不相容而導致彼此對抗的狀態就是衝突。我們應該用什麼態度來面對衝突？是把它當作瘟疫，避之唯恐不及，還是將其視為戰鬥，為之興奮？在「壞」與「好」之間，我們能否把衝突放在一個中性的區間？

在思考這種問題時，我們必須打破思維慣性，借助「隱喻」——用描述一種事物的方式來描述另一種事物——就是一種做法。

於我而言，衝突曾經就像秋季的山火，會吞噬所有美好，並且一發不可收拾。在山火面前，我是渺小的。衝突具有絕對的力量，而我無法與之抗衡。找到這個隱喻後，我開始問自己兩個簡單的問題：真的是這樣嗎？還有其他可能嗎？

這團山火，有沒有可能是黑夜裡的一把篝火、寒冬中的一團爐火，或是可以燎原的星星之火呢？

借助隱喻，我發現，**衝突只是一種人與人之間不可避免的自然狀態，我卻將其帶來的傷害錯當成了這種狀態本身**。就像山火燒了我家的一畝地，我便從此不敢再靠近任何火苗一樣，這是典型的「一朝被蛇咬，十年怕草繩」。

現在我已經明白，衝突不是山火，只是被我當成了山火。它只是火，是一種處在「壞」與「好」之間的推動力。我明白了一件事：**衝突是一切關係流動的前提，甚至是改善關係的推動力**。如今，我已不再把衝突視為人際關係的大敵。

對你來說，衝突可以比喻成什麼呢？不論你把它看成什麼，都可以試著問自己：真的是這樣嗎？還有其他可能嗎？這麼做可以讓我們審視自己對衝突是否存有偏見，以避免這種偏見影響我們的思維和解決問題的方法。最重要的是，如何看待衝突，決定了我們會以什麼樣的態度面對衝突。

利用衝突畫布，打破衝突慣性

意識到衝突能讓關係流動，僅僅是一個開始。即便我們明白「衝突」是一個中性詞，依舊不能保證自己可以妥善應對衝突，因為思維慣性不是簡單的一次覺察就能改變的，我們需要更深層的自我反思和對話。

在衝突面前，我一直很「孬」，是典型的「衝突孬人」。我之所以會這樣，一部分是出於恐懼和對衝突的厭惡，另一部分則是因為我覺得自己是被動捲入的，不能決定衝突的發展方向，出了事情不能怪我。只要我不是過錯方，就萬事大吉了。

「怪不得我」曾經是我在衝突裡的最大訴求。在衝突中，我常會被一種奇怪的情緒牽著鼻子走：要嘛儘快息事寧人，要嘛全力為自己辯護——也就是「這可不是我的錯」。當確定錯不在我時，似乎就可以任由衝突發展，反正我不必承擔責任。這種不假思索的反應，我稱之為「衝突慣性」。而每個人都有不易察覺的衝突慣性。

衝突慣性

我之所以察覺自己的衝突慣性，恰好因為我是個「衝突孬人」。多年前，我第一次在職場和別人正面衝突，那是完全出乎意料的經歷。

當時，我所在的公司和另一家公司進行合併重組。經過數天的人事動盪後，我原公司的人資主管成了新公司的主管，而另一家公司原本的人資主管W總，被安排去了其他部門。重組正式開始後，我接到指令，去跟W總進行交接。

我根本沒想到這會是一項極具難度的工作。字面上說是交接，無非是把對方公司的人員名冊拿回來。記得那天，我毫無心理準備地去了W總的辦公室。因為對方公司有幾百名員工，我還拿了隨身碟，想直接把所有資料拷貝回來。

這位與我素未謀面的W總，竟頭也不抬地遞給我一份紙本名冊，說：「就這些，妳在交接單上簽名後就可以拿走。」

我當下就傻了，以為她在逗我，便問她：「W總，請問您有名冊的電子檔嗎？」

結果她說：「電腦維修時，重新安裝了系統，電子檔不見了，只有紙本。」說完，她就沒有再理我，繼續忙自己的事情。我一時怒火中燒，硬是回嘴：「您怎麼可能沒有電子檔呢？」

「我只有這些，妳快拿走吧！」後面的對話，由於時間久遠，我已經記不清了，大概是被我選擇性遺忘了吧。那是我在工作中第一次遇到那麼不講道理還理直氣壯的人，而且是一位高階主管。我完全無法忍受，直接表達了自己的不滿，談話當然不歡而散。那之後很長一段時間，她都視我為空氣，在職務上處處不配合。

當時，這件事著實讓我耿耿於懷。我堅信她是因為沒能留任人資主管，才把氣發在我身上；我是一個徹頭徹尾的受害者。

之後我一直很困惑：我身為一個「衝突孬人」，遇到難搞的主管時，照理說應該會忍氣吞聲，但那天我卻沒有示弱。究竟是我正義感爆棚，還是突然無所畏懼了？

直到最近幾年我才明白，之所以會有那場火藥味十足的對話，正是因為我「受害者無辜」的衝突慣性。「誰都看得出來，她是故意刁難我，我是無辜的。衝突發生了，但並不是我的錯！沒錯，上吧！」這應該是當時我內心深處的真實想法。

衝突畫布：打破衝突慣性的利器

想要打破衝突慣性，就要有不同以往的態度和行動。有句話說得好：想改掉一個習慣，最好的辦法是用一個新習慣來取代它。

我們應該摒棄舊的思維和觀念，不要急著息事寧人或自我辯護，而是要擺脫「當局者迷」的狀態。我們要先靜下心來，跟衝突「聊一聊」，聽聽它的聲音，因為衝突也是需要被瞭解的。

所謂的瞭解衝突，就是在反應和行動前想想「衝突到底要告訴我們什麼」，這是從被動防禦到主動推進的重要轉變。我們可以透過以下三個問題來聆聽衝突的聲音，弄清楚衝突到底能告訴我們什麼。

第一問：「怎麼了？」

第二問：「對方到底想說什麼？」

第三問：「我有哪裡需要改善？」

我找到一個能幫自己擺脫慣性的辦法：把衝突產生的原因和上述三個問題做成一張衝突畫布（見圖1.1）。它能使我用更短的時間看清衝突背後到底有哪些被忽視的因素。

以上三個關鍵問題都可以透過衝突畫布找到答案，而認識這些問題則是我走出破壞性衝突的關鍵一步。就拿我跟W總發生的事情為例，我可以在腦海裡形成這麼一張畫布（見圖1.2）。

如果我當時迅速梳理一遍衝突畫布

溝通因素 處於溝通的哪個層次	**未滿足的需求** 各方都有未滿足的需求，甚至未被察覺的需求	**結構因素** 因組織和系統而起
個體因素 價值體系和個性差異	**支配關係不明確** 不明確的支配關係和欲望不相容	**資源的稀缺** 對資源的爭奪

▼

怎麼了？	她到底想說什麼？	我有哪裡需要改善？

▲ 圖 1.1 衝突畫布

溝通因素 對方目前處於不想溝通的狀態，我或許可以換個時間或方式，甚至換個溝通者。	**未滿足的需求** 我無法滿足對方目前的職場需求。我的出現剛好能滿足對方的情緒宣泄需求，所以她不配合似乎是必然的。	**結構因素** 公司合併導致她失去原來的崗位，這是她無法控制也不希望發生的。
個體因素 她有她應對挫折和不順心的方式與做法，我無法要求她如我所期望的一樣。	**支配關係不明確** 我完全無法憑藉「妳就應該給我」這種所謂的「正義」來支配對方。	**資源的稀缺** 名冊電子檔並非稀缺資源，我完全有辦法從其他地方取得。最差的情況，不過是我把紙本打成電子檔而已。

怎麼了？	她到底想說什麼？	我有哪裡需要改善？
她透過這種方式，宣洩不滿的情緒。	這件事妳辦不了，回去讓妳的主管來吧。	放下自己「受害者無辜」的正義感，換一個思路解決問題。

▲ 圖1.2 衝突畫布應用

上的內容，可能就會放棄無效的對抗，換一種更有效的方式來回應她。

事情後來是這樣發展的：我氣鼓鼓地回到辦公室，跟我當時的主管說了對方的態度。當我自以為受了欺負，期望他為我伸張正義的時候，他卻意味深長地笑了，對我說：「妳打電話問她的助理，看她是否有名冊電子檔。」一之後，W總在新的工作崗位上還算順風順水。慢慢地，她也不那麼針對我了，平時遇到還會主動跟我聊幾句，跟第一次見面時判若兩人。回頭想想，如果我的主管當時在這件事上為我伸張正義，事情就沒這麼簡單了。

我一開始很不理解，認為主管在本該出頭的時候成了縮頭烏龜。現在我才意識到，他並不是縮頭，只是明白衝突背後隱藏的東西，也懂得怎樣把社交主動權掌握在自己手裡，沒有讓衝突慣性左右自己的行為。**衝突慣性是誘人的，因為它符合我們固有的思維，舒服而不費力，讓人沉浸其中，無法自拔。如果不打破慣性，你就會一次次陷入類似的困境。**從衝突畫布開始，練習聆聽衝突的聲音，是我們打破慣性的最好方式。它有助於我們看見衝突的全貌，分析衝突發生的根本原因，進而掌握社交主動權。

先解決認知，再解決情緒

我們學習的方式，讓我以為任何問題都有標準答案。因此，當我探索衝突的本質時，會習慣性地尋找一個能明確表達出來的準則。

事實上，我發現衝突的本質沒有所謂標準答案，因為人的複雜性和關係的多變性，讓任何答案都是脆弱和片面的。我的蜜糖，可能是你的毒藥。我們自認為的絕對真理也許會害了別人。

所謂「看清楚衝突的本質」，是指明白自己對衝突的認知存有片面性，學會主動去覺察衝突的各個面向。

但這件事太難了！因為一不小心，情緒就會主宰我們的行為，讓我們陷入對衝突本質的狹隘認知和自以為是的沼澤。情緒太重要了，它不單在我們身上流動和變化，還會在人與人之間傳遞，對衝突的走向有著決定性的影響。鬧情緒不可怕，但能不能「好好鬧情緒」，決定我們是否能把惡性衝突變成良性。

情緒下的衝突

情緒絕不是某種孤立的存在，而是一系列主觀認知和經驗的統稱，是感覺、思想與行為共同導致的心理和生理狀態。面對同樣的場景，我們的情緒不同，做出的反應也會截然不同。如果不能及時調整，就很容易被情緒牽著鼻子走。

情緒分為積極情緒和消極情緒。積極情緒可以抑制人們受傷時的痛苦，提高正向性和活動力，包括喜悅、滿意、感激等；消極情緒會放大人們的痛苦，通常不利於執行任務或思考，包括悲傷、憤怒、緊張、焦慮、恐懼等。

如果我當下的情緒是積極的，那麼無論遇到什麼事情，我都會往正面的方向思考：如果同事不配合工作，我會覺得這是鍛煉社交能力的好機會；如果主管批評我，我會更加努力，把磨練當成進步的跳板；如果孩子胡鬧，我會試著理解他；如果客戶對我不滿意，我會盡力達成客戶的需求。

相反的，如果負面情緒占據了主導地位，那我眼裡就只有討厭的同事、苛刻的主管、不懂事的孩子和挑剔的客戶。這時候，我關閉了思考解方的通道，只會怨天尤人、自我懷疑。別說看清楚衝突的本質了，我連自己的情緒都無法有效覺察。

認知三角形

那麼，情緒到底是怎麼來的呢？這個問題有很多種解釋，其中最常見的就是心理學家提出的「認知三角形」（見圖1.3），也有學者稱其為 TEA Model（茶三角）。

T：Thoughts，想法。

E：Emotions，情緒。

A：Actions，行動。

情緒並不是憑空產生的，它會和我們的想法及行為互相影響。也就是說，**透過調整想法，就可以改變情緒，影響自己的行動，進而形成一個良**

性循環。如果我們任由想法影響情緒，進而控制行動，再讓失敗後的挫折感影響我們的想法，就會形成惡性循環。

舉個例子：一位客戶希望透過會談，來決定是否要去學鋼管舞。為了學鋼管舞，她跟先生吵過幾次，也哭過幾場。她先生覺得鋼管舞上不了檯面，不希望她去學；她則被朋友發的跳舞影片深深吸引，心生嚮往。先生的態度潑了她一盆冷水。

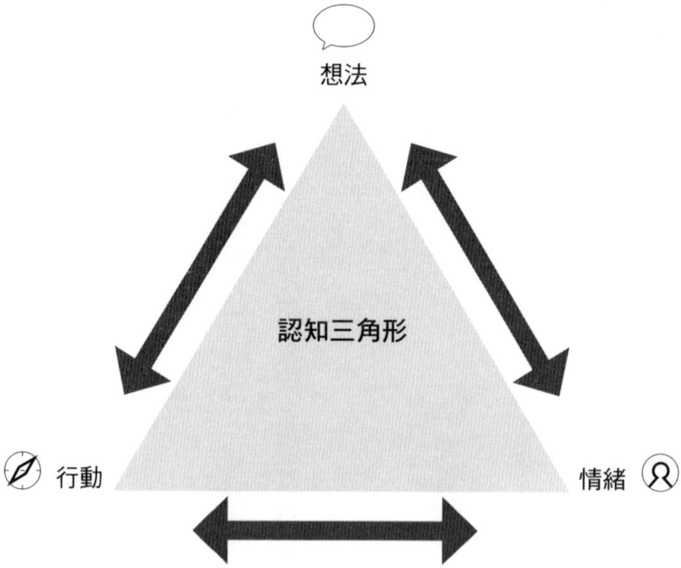

▲ 圖1.3 認知三角形

如果用認知三角形來梳理這件事，這位客戶的想法應該是：

- 我只是想學跳舞，你不支持就算了，為什麼還要批評？
- 我非常喜歡鋼管舞，你怎麼就不懂我？
- 你表達自己看法的時候，不應該考慮一下我的感受嗎？

正是這些想法，讓她覺得自己沒有得到應有的理解，甚至認為自己的品味受到了攻擊。她當時的情緒是：

- 氣憤
- 委屈
- 煩惱

這些負面情緒又讓她錯失採取有效行動的時機：

■無法跟先生有效溝通。

■報名也不是，不報名也不是。

■擱置下來，不知所措。

解決這個問題的關鍵在於她如何看待這次衝突，也就是她對這次衝突有什麼想法。我們為此交流了半個小時，最後她發現，衝突的本質就是她和先生之間的溝通問題。她的想法變成：

■我好像沒有真正聆聽我先生的顧慮，也沒有跟他表達清楚自己有多想學鋼管舞。

■我好像很在乎能否控制他對這件事情的看法，但他的看法不是我能控制的。

隨著想法轉變，她的情緒緩和了，對先生的不滿也轉化成歉意。她決定再跟先生好好談一次，傾聽他的想法，同時把自己更深層的需求表達出來。

她說，比起是否學鋼管舞，她更在乎怎樣和最親密的人溝通。

我隨後又問她：「如果以後再遇到類似的情況，妳會怎麼做？」

她說：「以後發現自己有想要責怪對方的情緒時，我會停下來問問自己，我的溝通正處於哪個層次。」

察—想—說—問—轉，5步驟化解情緒衝突

從「被情緒牽著鼻子走」到「牽起情緒的鼻子」，不過是一念之轉。想要做到並不難，根據認知三角形，我們可以採取下面幾個步驟。

察：感受到情緒波動時，先覺察自己的情緒，試著把它描述出來。

想：想一想這種情緒是由什麼想法產生的，列出有決定性影響的幾項。

說：說說看自己的認知三角形是如何互相影響，再把它畫出來。

問：問自己：「我還可以從哪些角度去想這件事」。

轉：觀察一下你的新想法會讓情緒發生什麼轉變。

「一千個人眼中有一千個哈姆雷特」，這句話往往用來形容人們對同一事物有著不同的觀點。同樣的，「一個人心中有一千個哈姆雷特」也是成立的。意思是說，我們可以從不同角度看待同一個問題，只是那「九百九十九個角度」非常不易察覺。千萬別小看自己，更別低估自己的想法。當我們察覺到另外的九百九十九個角度後，就可以和自己的情緒走得更近，更能掌控自己的行為，在良性衝突中勾畫美好人生。

表達情緒，而非情緒化表達

不知道從什麼時候開始，我們被要求在各種場合做一個「情緒穩定」的人。很多人還把「情緒穩定」視為擁有幸福和取得成功的決定性因素。你是不是也認為，前文提到的「牽起情緒的鼻子」，等同於要我們成為「情緒穩定」的人？

兩者真的不是同一回事。「情緒穩定」這個目標本身是沒有問題的，然而我發現，它雖然有一個好的出發點，卻讓很多人誤認為感受或展示負面情緒是一種罪過。我們會因為自己的情緒起伏而羞愧難當，這種自我譴責，我稱之為「情緒有罪論」。

但實際上，**沒有哪種情緒是有罪、不應該出現的**，**我們更不需要為之羞愧**。恰恰相反，由衝突激發的情緒非但無罪，還會在關鍵時刻讓我們遠離致命傷害，甚至救我們一命。

情緒是一種生存本能

很多人因為衝動而陷入困境後，都認為是情緒壞了事：「要是沒有這些負面情緒，我一定可以處理得更好。」久而久之，我們要嘛因為負面情緒陷入自責，要嘛乾脆把某種感受長期隱藏起來。這些被認為是「罪魁禍首」的情緒，我暫且稱之為「有罪情緒」，它們幾乎都屬於負面情緒（見表1.1）。

在我們的六大基本情緒中，除了「快樂」是正面的，「驚訝」是中性的，其他四種情緒都屬負面。不論悲傷、恐懼、厭惡還是憤怒，都是我們想儘量避免的負面情緒，因為它們會讓人變得不太「正常」——悲傷令人意志消沉，恐懼令人畏首畏尾，厭惡令人冷酷無情，憤怒令人失去理智。

然而，哪怕是負面情緒，也是人類必不可少的生

正面情緒	中性情緒	負面情緒
快樂	驚訝	悲傷、恐懼 厭惡、憤怒

▲ 表 1.1 人的六大基本情緒

存本能。仔細想想，你就會發現，悲傷可以幫助我們同理他人，讓我們在合適的時候展示自己脆弱的一面，以得到他人的信任和體諒；恐懼可以幫助我們遠離傷害，在必要的時候保護自己；厭惡可以幫助我們尋求符合喜好的環境，選擇更適合自己的生存方式；憤怒可以幫助我們分辨是非，堅守自己的原則。

如果一個人被傷害時卻不懂得悲傷，他會在傷害別人時意識到自己的錯誤嗎？

如果一個人被火灼傷時不知道恐懼，他會馬上把受傷的手縮回來嗎？

如果一個人明明不認同某件事卻沒有厭惡感，他會知道該怎麼選擇和取捨嗎？

如果一個人不知道什麼是憤怒，他又怎麼能堅守原則和底線？

在認知三角形中，想法可能會存在偏差，行為可能會有不妥，但唯獨情緒，是最無可指責的。因為我們體會到的所有感受，都來自大腦以至身體每一個細胞對過往經歷的記憶，先人的過往也會以DNA的形式存在並影響著我們。接收到新資訊時，我們的大腦會自然而然地將其跟過往經歷進行比對，而後向我們輸出反應。正是這種持續且穩定的情緒輸出，讓人類進化到今天的地步。

「情緒健康」遠比「情緒穩定」重要

比起情緒穩定，情緒健康更重要，兩者是不容混淆的。情緒穩定的人可能是找到了合適的方式去表達或發洩，也可能僅僅是壓抑了自己的情緒。前者當然很好，而後者只是「看起來」很好，並不是健康的情緒處理方式。若把情緒穩定視為目標，會讓很多人忽視情緒健康的問題。

我有一位朋友就是這樣。他從事服務業，在工作中十分專業且富有耐心，經常花費很長的時間去跟客戶反覆解釋某個問題。他通常情緒穩定，不會讓客戶感受到自己的情緒波動，在生活中也很隨和，對朋友非常友善。包括我在內的所有人都覺得他是一個很好相處的人，一個「情緒穩定」的人。

直到有一次在餐廳吃飯，他一反常態，因為一件小事大發雷霆，跟服務生發生了激烈的衝突，差點就要動手。雖然服務生有過失，但他確實沒必要為此大動肝火。我這才發現，他也有「情緒不穩定」的時候。

後來聊起這件事，他坦言，平時由於工作需要，他壓抑了很多委屈、不滿、憤怒等負面情緒。久而久之，他把壓抑和掩飾當成了理所當然的事。這種表面上的穩定，其實一點都不健康。負面情緒會在某些場合毫無預兆地爆發出來。事後，他感到很羞愧，覺得自己當時沒有控制好情緒。

問題的關鍵不在於他產生了負面情緒，而在於他沒有正確地對待這些情緒。我們應該牢記一件事：**沒有不健康的情緒，只有不健康的情緒觀。**

健康的情緒觀能讓我們學會接納自己的所有感受，無論是消極還是積極。如果我們片面地追求情緒穩定，只會有意無意地排斥或掩飾某些很重要的情緒，最終釀成不可挽回的悲劇。

真正強大的人不怕表達情緒，不會因為害怕得罪人而壓抑自己。千萬不要覺得自己在人際交往中產生的情緒是壞東西，也不要以為壓抑就是穩定。相對於表面上的風平浪靜，我們更需要健康的情緒觀——感受、瞭解和接納情緒——特別是那些經常被誤判為「有罪」的負面情緒。那位朋友後來告訴我，他在那次衝突後，開始嘗試把被自己壓抑的情緒找回來。他為此做了下列幾件事。

一、允許自己及時感受心中的不滿、委屈和氣憤。
二、瞭解自己產生這些情緒的具體原因。
三、告訴自己，有情緒很正常，沒什麼好自責的。

他發現，自從開始接納自己的情緒後，他悄然發生了一些變化。

■ 他在工作中更能體會客戶的狀態。因為他打開情緒雷達時，不僅能探測到自己的情緒，還能感知客戶的情緒。

■ 他偶爾會跟客戶表達負面情緒，展示自己脆弱的一面，反而得到客戶的理解和支援。

■ 再遇見不合自己心意的服務人員時，他也沒有想爆發的衝動了。因為他在接納自己的同時，也學會了接納別人。

我很高興看到他重塑自己的情緒觀，及時做出調整和改變，避免在錯誤的道路上迷失自己。

由此可見，保持表面上的情緒穩定，並不表示你能妥善處理人際衝突。要想真正學會調整情緒，我們首先要放下「情緒有罪論」，容許所有感受的存在，學會與情緒和解。「牽起情緒的鼻子」不可能靠壓抑來實現，只有學會正視情緒，挖掘背後的想法，才能調整好自己的情緒走向。

我很感謝自己在衝突裡感受到的各種情緒，有了它們的保駕護航，我才健健康康地活到了今日。學會接納情緒後，就離接納衝突更近了一步。

「解決」和「逃避」以外的選項

如果我能放下對衝突的恐懼，改變自己的衝突慣性，不讓情緒影響我的決策，是不是就能更妥善地解決人際衝突了呢？答案是：不。我在衝突面前依舊常常力不從心。

經過反思之後，我恍然大悟：我的出發點錯了。我本想努力解決所有人際衝突，但這根本不可能實現，總有一些衝突是沒辦法解決的。越想解決它，你的處境就越艱難。

不是所有衝突都能被解決

所謂「解決衝突」，是指衝突一方或者各方以某種非對抗的方式消除了彼此的爭議、分歧或對立。當衝突各方不再有矛盾時，一切對抗性行為就會消失，大家就可以透過溝通和協商來達成共識。

但生活往往沒這麼順理成章。更多時候，你會遇到下面這些情況。

情況一：掌舵人不是我

家中長輩的恩怨、公司上級間的鬥爭、不同社會群體的紛爭……這些衝突往往超出我的掌控範圍。我頂多算是被捲入衝突裡的「NPC」（網路遊戲術語，指「非玩家角色」）。

我曾經發現自己被捲入一場巨型衝突，而我不是那個能主宰走向的掌舵人。這場衝突影響著我、吞噬著我，卻不受控於我。我越想做些什麼，就越被壓得喘不過氣。且不說這種大規模衝突，哪怕對象只有兩個人，對方是否願意解決矛盾，也不是我能控制的。畢竟，在關係中，任何一方都沒有絕對的掌控力。

情況二：掌舵人是我，但是客觀條件不允許

即便我對衝突有絕對的掌控力，客觀條件也可能成為解決衝突的阻礙。比方說，稀缺的資源、無法回應的系統，或者不合宜的時間點以及其他不可

抗力因素。這些都不是一道命令就能解決的。

情況三：主客觀條件都成立，但是計畫趕不上變化

在這個充滿不確定性的時代，無論做什麼事情，我們都要考慮當前的狀態能持續多久，因為一切變化得太快了。比如，我們今天還在為處理職場人際衝突而絞盡腦汁，第二天衝突雙方就突然離職、各奔東西，完全不給我們調解糾紛的機會。他們之間的矛盾可能會一直延續下去，而我們很難再插手解決。

所以，**「衝突一定能被解決」本身就是一種不切實際的執念**。這種執念有一個潛在的假設：只要衝突解決了，就離成功不遠了。但事實上，正是這個毫無惡意的初衷，成了我們鑽牛角尖的源頭。

人們越是追求零矛盾和零衝突，就越容易鑽牛角尖，而這往往是失控的開始：一味尋找衝突的解決方案，為此付出極高的代價，卻沒意識到其他可能性。

試想一下，如果我們放下「衝突一定能被解決」的執念，就能減輕心理負擔，轉身擁抱更多可能性。例如，最大限度地降低衝突各方造成的負面影響；嘗試將雙方的敵對關係變成一種有序可控的良性衝突關係；甚至可以在必要時選擇放手，不再與之糾纏。

應對衝突的四象限法

從根本上說，人們所謂的「解決衝突」，大多是指結束對抗狀態，消解劍拔弩張的敵對氛圍。很多時候，我們看似成功解決了某種衝突，其實只是卸除了外在的對抗狀態而已。衝突依然在那，只是換了一種形態。

衝突的本質就是矛盾各方的博弈，而對抗只是博弈中比較激烈的環節。消除了對抗，不等於解決衝突本身。到底該如何面對衝突呢？我們要嘗試從更多角度思考，為大腦這個處理器持續升級，探索新的處理方式。下圖（見圖1.4）就是我總結的四種衝突處理方式。

第一象限：衝突和解

「和解」二字很好理解。以我們常說的「與自己和解」為例，它並不是提倡我們深挖生命的本質矛盾這座「冰山」，而是希望我們接受整座冰山。只有內心保持平靜和包容，才可能達成。「和解」看似是妥協，實則是放下。

衝突和解就是矛盾一方或各方為了和平共處做出讓步，進而緩解衝突。這種做法不尋求讓衝突徹底消失，是最和緩的處理方式。

第二象限：衝突解決

為了解決衝突，我們要處理好引發衝突的源頭事件。我們必須關注隱藏在水面下的冰山，也就是根本原因，透過處理水面下的問

	消滅衝突	緩解衝突
針對引發事件	衝突解決	衝突和解
針對矛盾各方關係	衝突轉變	衝突管理

▲圖 1.4 處理衝突的四種基本方式

題來徹底解決露出水面的問題。

但不是所有問題都可以被徹底解決。有些事本身就是一種持續博弈，此消彼長是其不變的規律。儘管如此，對於某些事情，我們還是可以透過研究其本質來找到解決方法。這需要我們在面對不同衝突關係時具備足夠的辨別能力。

第三象限：衝突管理

所謂「衝突管理」，就是不尋求徹底消滅衝突，而是儘量增加衝突的正面影響並減少負面影響。除了解決引發衝突的事件本身，衝突管理應更聚焦於處理矛盾雙方的關係。

衝突管理在組織管理中是一個很流行的用語，因為組織是由人組成，著眼於事不如著眼於人。比如說，企業可以採用「上班打卡，遲到罰款」的方式來解決員工遲到問題，也可以提高員工的積極性來間接減少遲到頻率。「打卡」和「罰款」是著眼於事，「提高積極性」則是著眼於人。衝突管理能給予矛盾各方更多迴旋空間和自主性，是一種溫和的處理方式。

第四象限：衝突轉變

衝突轉變是一種結構性和系統性的處理方式。它針對矛盾各方的關係，旨在透過影響其所在系統和關聯式結構，把衝突轉化為另一種形式，進而徹底解決舊有衝突。

如果說衝突解決側重於水面下的部分，衝突管理則關注如何讓船不撞向冰山，而衝突轉變的焦點則放在能否將汪洋變成陸地，讓冰山和船不再有相撞的可能性（見圖 1.5）。

	消滅衝突	緩解衝突
針對引發事件	衝突解決 調研資源配置不均的具體情況和根本原因，給出如何分配資源的具體方案。	衝突和解 進行疏導和談話，讓雙方理解公司資源緊張的現狀，進而放棄對抗，降低內耗。
針對矛盾各方關係	衝突轉變 從組織結構入手，分析資源配置不均導致內耗的系統性原因，透過影響系統轉化矛盾關係。	衝突管理 分別約談部門裡的每一名員工，從理解衝突關係入手，著力改善關係，同時設置機制防止內耗。

▲圖 1.5 四種衝突處理方式的行為特徵

這四種處理方式出發點不同，最終導致的行為也不同。

舉個例子。某家公司的部門A和部門B因為資源配置問題發生衝突，導致組織內耗嚴重。總經理為了儘快恢復兩個部門間的正常運作，找來調解機構協助處理。

對於這件事，我們可以以上述四個不同角度作為切入點。沒有哪種處理方式是百分之百正確的，每一種都有可取之處。應該選擇哪種方式，或者要綜合運用，全看當事人的決定。但至少要記住，我們擁有更多選擇，不必局限於解決衝突的執念。

總之，在應對衝突時，不只有「逃避」和「解決」兩個極端選項。「逃避」固然不可取，「解決」也不一定能完全達到目的。我們在面對衝突時，可以回顧前面的四象限圖，找到最適合當前情況的處理方式。

第2章

重建內心秩序，減少無效衝突

四個原因觸發你的戰鬥模式

「正確看待衝突」讓我不再盲目逃避；「覺察衝突慣性」幫助我跳出既定模式；「覺察想法可以影響情緒」讓我更接近衝突的多維本質；「關照情緒健康」幫助我接納自己和他人；「衝突四象限法」給了我更多選擇。這是我這些年的反思與總結。

我始終聚焦於「衝突」二字，儘量讓自己站在上帝視角，以看清衝突全貌和關鍵環節。但是，我們不能忽略其中「人」的因素。衝突中有你、我、他——關鍵的當事人！

心理學大師阿德勒說過：「人類所有的痛苦，皆來自人際關係。」對於這一點，我深有體會。在職業發展教練會談中，很多客戶的苦惱最終都源自於「我是誰」、「我要成為什麼樣的人」、「我要和別人維持什麼樣的關係」這三個問題，而「我是誰」和「我要成為什麼樣的人」又受第三個問題影響。因此，第三個問題是更底層的問題，它支撐了人們的外在行為。

我們從上帝視角重新回到「我和別人的關係」這種平視角度，問問自己：我為什麼會和別人起衝突？到底是哪些原因讓我們和別人產生衝突？

控制欲發作

人的控制欲沒那麼複雜，其背後的想法也許只是：他和我想的不一樣，我最好把他改造成我想像中的樣子。這樣一來，我就不需要溝通、協商或讓步，直接就能達成終極目標。

如果孩子聽話，親子矛盾就會少一些，反之，你會氣到成天罵人；如果團隊成員意見一致，你的臉色就會好看一些，反之，你會不滿到大聲訓斥；如果伴侶事事依著你，就能少吵一些架，反之，你會委屈到天天開戰。

在以上衝突中，你並不是真的生氣、不滿或委屈，只是想要一個和自己步調一致的人、一段沒有爭執的關係、一切盡在掌握的生活。畢竟，要求別人比要求自己更省事，改變別人也比改變自己更符合人性。

這種控制欲一旦內化成行為模式，就會處處挑起矛盾。如果改造別人不成功，你就會認為自己已經仁至義盡，只剩衝突一條路可走。控制欲讓我們只想透過說服和控制對方來維持關係。

但是，**人與人的相處並非只有「控制」和「被控制」**。難道不能形成更良性的關係嗎？

溝通偏離軌道

「你這個人怎麼這樣？」

「你對你媽這什麼態度？」

「你要這麼說，我也沒辦法。」

「你心裡到底有沒有我？」

你是不是很熟悉這些質問？當我們這麼說話的時候，溝通就已經偏離了原來的軌道。

大多數時候，衝突都始於一些微不足道的小事，我們甚至搞不懂為什麼最終會演變成爭吵甚至肢體衝突。

我們本來想的是「對於這件事情，我不認同你的做法」，說出口卻變成「我對你這個人極度不滿」；我們本來想的是「請你下次不要這樣做」，說出口卻變成「你到底有沒有在乎我」；我們本來想的是「你這樣做完全沒考慮我的感受」，說出口卻變成「你故意不想讓我有好日子過」。

衝突本身是由差異引起的，但往往因為錯誤的溝通方式一步步升級成矛盾和對抗，最後形成僵局。最初，大家只是對某件事情持有不同觀點，後來卻上升到「尊重」、「平等」甚至「人性」的高度，開始偏離最初的討論方向。我們從在乎事情本身，變成在乎對方的態度、語氣，甚至呼吸的力度。

脫軌的溝通列車到底會駛向哪裡？即便它能夠靠站，停靠的也未必是我們想要的那一站。

想被別人喜歡

「是不是無論我做什麼，你們都覺得我不夠好？」

「你為什麼對我百般挑剔？」

「老闆就是看我不順眼！」

我們在聽到負面回饋時通常會有這樣的反應：不管對方說了什麼，我們首先會認為對方不認同自己。

父母嘮叨幾句，我們便怪他們對自己太苛刻；愛人抱怨一下，我們便認為他不愛自己；孩子發句牢騷，我們便暗罵「白養了」；主管或同事提點改進意見，我們便覺得自己被針對。總之，一切矛盾都源於他們不喜歡我們。

之所以有這種念頭，是因為我們太渴望被別人喜歡或認同了。我們把別人的喜歡和認同當成自我肯定的前提。但是，**建立在他人之上的自我肯定，極其脆弱**。稍有負面回饋，我們就會自我否定。這使我們難以接受別人的負面回饋，因為我們已經陷入一種封閉狀態，無法打開接收信號的雷達。

對待負面回饋的方式是衝突往良性發展的關鍵。從負面回饋中接收有效資訊的阻礙之一就是「想被別人喜歡」的念頭。

給予負面回饋就表示對方不喜歡你嗎？就算對方不喜歡你，那又怎樣？

捍衛自己的領地和內心秩序

動物天性促使我們捍衛自己的領地和利益，人性讓我們產生維護內心秩序的欲望。領地被侵犯時，我們會奮起反擊；利益受損害時，我們會盡力維護；內心秩序發生混亂時，我們會無法忍受。「我是誰」、「我的界線在哪裡」、「我要維護什麼」，這些問題構成我們內心世界秩序的基礎。

陌生人見面，話都沒說幾句，能產生多大的矛盾呢？但偏偏陌生人之間就是會發生爭執，甚至大打出手。

同事抬頭不見低頭見，更應該「做人留一線，日後好相見」，但為什麼同事之間會寸步不讓呢？

夫妻同床共枕多年，自然應該有話好好說，但夫妻之間翻起臉來往往是最傷人的。

父母本該是最愛孩子的人，但偏偏很多人的心理創傷都來自原生家庭。

有證據表明，當我們的領地和內心秩序受到侵犯時，必須透過激烈的對抗來趕走外敵，重新獲得安寧。有一些衝突就源自於此：我們的大腦接收到被侵犯的信號。**對恢復舊秩序的嚮往，是我們在衝突中爆發的動力之一。**

但是，衝突之後恢復的寧靜還是原來的寧靜嗎？被破壞的內心秩序和被闖入的領地真的能恢復原樣嗎？

控制欲會讓我們變得短視、狹隘，看不到人際關係帶來的能量和意外收穫；脫軌的溝通會讓我們偏離衝突的本質，聚焦於如何防衛、反擊而不是解決問題；「想被別人喜歡」的念頭會讓我們失去對自己的掌控權，將自我評價綁定在他人的看法上，接收不到有效資訊；捍衛領地和內心秩序的傾向則讓我們築起銅牆鐵壁，忽視那些可能很美好的變化。

聚焦於人時，我更能理解自己，也更能理解關係本身。沒有人會毫無由來地製造衝突，也沒有人會在衝突中無故爆發。你和他人起衝突的時候，不妨捫心自問：我到底是為了什麼？找到那個將我們推入衝突的原因後，就會更有信心直面衝突。

很多情況下，我一度將衝突誤認為出路，把它當成萬能鑰匙。其實，不同的門，要用不同鑰匙去開；不同的方向，也會有不同的路。只要我們把目光聚焦於自身，衝突就不是處理人際關係的唯一途徑。

告別控制欲，化無效衝突為有效自處

長久以來，我對「控制狂」的認知僅停留在一些影視或社會新聞中，像電視劇《不要和陌生人說話》裡令人不寒而栗的安嘉和、電影《沉默的羔羊》裡讀透人心的「食人魔」漢尼拔等。因為我沒有控制狂傾向，身邊也沒有這類人，所以我從來沒有關注過控制欲對生活和人際關係的影響。隨著自我覺察愈趨深入，我發現，我們總是企圖控制別人或者被別人控制，只是沒有察覺而已。很多人深陷對生活不滿和無效衝突的沼澤，因為他們無法識別控制欲的N張面孔。

識別控制欲

控制欲之所以不易識別，大多是因為我們對它進行了合理化，為它帶上偽善的面具。來看看我們對控制欲的錯誤歸因：

（症狀一）

容易焦慮，常有「如果不……就……」的想法。這些想法往往是非理性或毫無邏輯的。例如，「如果這次還不升職，我的職涯就完蛋了」、「如果孩子不聽我的話，他未來就會經歷苦難」、「如果我不能為家人做到這件事，我就不是個好丈夫／爸爸／兒子」。

（歸因）

「我只是有點焦慮，可能是受到環境或其他人的影響。」

（症狀二）

總覺得自己是為別人好，認為自己思慮周全、善解人意，其他人都應該樂於遵從你的計畫，因為那是你精挑細選的方案。別人一旦不服從或不領情，你就會非常失望、委屈或憤怒。

（歸因）

「我太有『聖母』心態，太為別人考慮了。」

（症狀三）

威脅或恐嚇別人，以達到自己的目的。例如，威脅孩子要剝奪他珍視的東西，好讓他聽話；威脅伴侶「你要是走，我們就分手」；在工作中經常用懲罰的方式來避免員工犯錯。這些情況太常見了，以致我們通常不會把它們和控制欲連結起來。

（歸因）

「那些只是氣話而已，我不過是採取了一些必要手段。」

（症狀四）

等待會讓你無比煎熬和痛苦。比方說，在等待某個結論的過程中，你會不安到無法做其他事情，體驗到極大的心理壓力，甚至無法忍受一件事有模糊不清的狀態。口頭禪是「你今天必須把話說清楚」。

（歸因）

「我只是性子急而已。」

（症狀五）

對別人提出要求和希望時，經常事無鉅細。比如，作為上司，在工作中處處進行微管理，不給員工喘息的空間。

（歸因）

「我只是不夠賦權，或不太信任別人。」

（症狀六）

喜歡評判他人，並且無法把這種評判藏在心裡，經常拐彎抹角、看似不經意地表達自己的看法，事後還一副無辜的樣子：「我不是這個意思，你想太多了。」

（歸因）

「我比較不會說話。」

（症狀七）

平時很正常，但如果事情發展不如預期，就會很難適應，希望一切回到自己想像中的樣子。

（歸因）

「我適應能力比較差。」

（症狀八）

用令人不快的話講出自己的想法，過程中不考慮別人的感受或其他可能性。比方說，經常在群組裡跟別人吵起來，結果發現小丑竟是自己。

（歸因）

「我個性比較直，說話不會修飾。」

以上八種症狀，經常被我們歸因為性格、心態或能力差異，但追根究底，都是因為我們太想控制事情的發展、別人的行為或想法。控制欲落空後，我們就會用一些不那麼聰明的方式來表達情緒，最後聚焦於負面表達，而忽略了背後的控制欲。

和隱藏的控制欲說再見

控制欲源於人性，是一種強而有力的生存欲望。似乎只有一切盡在掌握中，我們才有生存的空間，才能百分之百安全。很多時候，我們的控制欲都源自於缺乏安全感——怕失去，怕得不到，怕被傷害。

控制欲有時會讓人走向極端，但更多時候，它是一種隱形的存在。步入極端的時候，我們會聽不進別人的意見，無法站在對方的角度思考；這會讓我們的人際關係變得緊繃。控制欲隱藏起來時，我們會表現得彬彬有禮、善解人意，內心卻處於失控的焦慮中，久而久之，我們也會陷入衝突。

在上述兩種情況下，我們都無法獲得內心的平靜，原因並非控制欲，而是控制欲落空後的無法自處。它向內變成了痛苦，向外變成了衝突。痛苦和衝突都無助於我們獲得內心的平靜，因為它們並非來自關係，而是源於內心深處。這時候，用上帝視角來審視衝突是不夠的，只有回歸自我，從我們的見聞和感受出發，才能把無效衝突轉化成有效自處。

想告別隱藏在關係中的控制欲，你可以把它想像成另一個自己，跟「他」說這麼幾句話：

第一句話：「你好。」

覺察並接納自己「想要掌控別人」的念頭，告訴自己這很正常，沒什麼好慚愧的，更無須自責。

第二句話：「你想要什麼？」

問問「他」為什麼想掌控別人。是為了更好的關係、更好的人生，還是其他因素？

第三句話：「我怎樣才能幫到你？」

當你知道「他」的目標後，可以問問「他」：除了控制別人，還有什麼方式能達成同樣的目標。

第四句話：「即便我們做不到，又會怎樣？」

問問「他」：沒有達成目標，生活就無法繼續了嗎？提醒「他」：放下控制別人的念頭，生活還是會繼續前進。

第五句話：「如果還是放不下，那就擱置一下吧。」

如果依然放不下掌控的念頭，請容許「他」放空一下。

第六句話：「如果準備好了，我們就說再見吧！」

放「他」自由，你也不必再去控制自己的控制欲。

不要急著批判控制欲，因為它表明我們在某些方面還沒得到滿足；也不要急著甩掉它，因為如果它是讓船啟航的帆，那麼突然失去帆的船便會迷失在汪洋中。

最好的狀態應該是：我們肆意揚帆、奮力掌舵，努力開好這艘船，也享受每一次隨浪而行的旅程。畢竟，放眼望去，我們永遠都在海上，不曾、也不會離開。

總有一種溝通公式適合你

美國作家紀伯倫說：「一場爭論可能是兩個心靈之間的捷徑。」我們應該忠實表達自己的情緒，在衝突中不害怕得罪人，但這不表示我們無須改進溝通方式。不恰當的溝通方式會激化矛盾，無法把惡性衝突轉化為良性，更不可能讓我們從中獲益。

溝通的重要性不用贅述。許多學者總結出提升溝通效果的方法，無論是馬歇爾・盧森堡博士的《非暴力溝通》，還是暢銷全球的《關鍵對話》，又或者是網路上隨處可見的「改善溝通的N個技巧」，我們都能有所收穫。

《非暴力溝通》建議我們：「不帶預設立場地觀察正在發生的事情」、「識別和表達內在感受與情感狀態」、「體會自己真正的需求」、「用清晰和積極的語言說出訴求」。透過這四個步驟，拒絕無意識的暴力溝通。

《關鍵對話》更指出一個殘酷的現實：能夠在「關鍵對話」中進行溝通的人更有機會「活下去」。作者建議人們識別「關鍵對話」，並按照「拒絕傻瓜選擇」、「營造安全氛圍」、「共用事實資訊」、「瞭解真實動機」四種思路進行溝通。

學來的技巧未必好用

我學過很多溝通技巧，也認同其背後的邏輯和道理，但這些技巧沒能讓我在衝突關係中遊刃有餘，特別是在面對孩子的時候。雖然我前一天剛聽過「非暴力溝通」講座，學會區分「事實性描述」和「主觀評價」，但第二天在輔導孩子作業時，還是會忍不住對孩子說：「腦子是個好東西，麻煩你用一下！」

雖然我知道任何改變都需要時間，過程中也會有反覆，但我還是想問：是我沒有學到精髓，還是我天生資質平庸？是溝通公式無法放之四海而皆準，還是我的用法不對？

我們不難發現，有些溝通技巧雖然有用，卻過於公式化。這些技巧大多建議人們探尋真正的需求、描述客觀資訊、耐心聆聽對方的心聲、表達真實感受和底層需求等等——為了簡化且使之容易理解，它們被標準化、精簡化，以公式的形式來推廣。

但問題在於，學習者一旦發現某項技巧在某種場景中派不上用場，就會產生不好的印象，以後便再也不想用了。**溝通沒有萬能公式，技巧再完美，到了每一個人手裡，都會有差別。**

更何況，在人際關係中，對方也是不可控制的。僵硬的公式化溝通，難免讓對方摸不著頭腦，甚至覺得自己被敷衍了。

找到你的溝通優勢

如果沒有萬能公式，那溝通這道題到底還有沒有解？我認為有的。

我在進行職業諮詢的過程中，發現很多客戶都對「如何在職場中跟老闆或主管溝通」感到疑惑，不知道如何說話才能達成目標。這給了我靈感。一開始，我幫助他們確立溝通的主要目的，識別公司和老闆的理念，整理客觀事實，讓他們透過換位思考來體會各自的需求與立場，分析當下適合運用什麼樣的溝通方式。

但是，對此有疑問的人越來越多。我也發現，每個人都面臨不同的處境和不同的老闆，我很難給他們一個標準答案。

在一次諮詢中，客戶對我說：「一直以來，我都不太會說話，我也不知道怎樣才能成為一個會說話的人。」這句話觸動了我，因為我爸媽當年也覺得我「不會說話」。在我有了孩子之後，他們還經常強調要我培養孩子從小就「愛說話，會說話」。

溝通只是會說話嗎？溝通是一個複雜的系統工程。如果我們錯誤地認為「溝通就是會說話」，那麼天生不善言辭的人豈不是要在這條路上受盡折磨？他們每次與人溝通時，都如坐針氈、如芒刺背。

我始終堅信，一個人只有在做他擅長並想做的事情時才會熠熠生輝、綻放光彩，看見自己而後看見別人，因為覺察和關愛一定是由己及人的。如果我要求別人壓抑「不會說話」的痛苦，強行要他去溝通，那我自己又該如何傾聽別人的心聲，理解別他人的感受？在這種情況下，溝通公式毫無用處，因為整個溝通都建立在痛苦之上。

很多人會反問：「既然痛苦是一種主觀感受，為什麼不能自行調節呢？」他們不知道，這種抗拒感是很難改變的。就像人被針刺到一定會閃躲，被陽光直射一定會閉眼。

我高中的時候，爸爸就帶著我去杳無人煙的野外練車。儘管四周半個人影都沒有，我還是很害怕，第二次就撞上一個大土堆。我現在都還記得爸爸蹲在他那輛桑塔納前，用細木棍挖土的畫面。從那以後，我一開車就會緊張，但我爸依舊堅持教會我。他會把車開到沒人的地方讓我練習，但每次都以我的胃痛結束。我的不舒服不是裝的，那是我身體最真實的反應。大學畢業後，我下定決心要考駕照，因為駕駛畢竟是現代社會的一項重要技能。我去了駕訓班，一開始還是很緊張。教練先教我倒車入庫，告訴我到什麼位置就要開始轉方向盤、轉幾圈等等。我對這種機械操作還算駕輕就熟，因此得到了教練誇獎，讓我信心倍增。在那之後，我碰到車不再胃痛了。多年以後，我爸這位老司機對我的車技評價是：「除了我親自開車，坐妳的車我最安心。」

透過這件小事，我想說的是：如果溝通和開車一樣，都是需要演練和學習的技能，那就從自己最擅長的地方開始吧！找到溝通優勢，或許是解題的第一步。

比方說，我不善於進行對抗性對話，卻善於用文字整理、表達自己的想法。我可以在預期某段對話走向對抗時跟對方說：「不好意思，我有一件提前安排好的事情要處理。搞定這件事後，我會寄信給您，向您說明情況，之後我們再打電話或見面溝通，可以嗎？」這樣一來，我不但為雙方爭取了恢復冷靜的時間，還能發揮優勢。當溝通是基於我的優勢，我就會敞開心扉，去體察其他人的感受。

在這種情況下，如果我逼自己做一個「會說話」的人，結果可想而知。如果你擅長分析資料，那就多用資料說話；如果你擅長解決問題，那就多提供解決問題的方案；如果你擅長察言觀色，那就在讀完空氣後，充分展現自己的同理心。

總之，找到自己的優勢，才能讓溝通有個好的開始。

在溝通框架下，形成屬於自己的衝突公式

既然溝通是一個龐大的系統，那麼找到自己的溝通優勢就只是一個切入點，關鍵還是在於具體過程。

衝突剛開始的時候，我們經常會說：「讓我們好好溝通一下。」但要溝通的到底是「事實」還是「情緒」呢？

如果本來應該討論「事實」，卻在「情緒」上徘徊不前，就會讓對抗升級；如果本來應該顧及「情緒」，卻冷冰冰地就事論事，溝通的橋樑就會被堵塞。所以，腦子裡有清晰的溝通框架十分重要（見圖2.1）。根據這個溝通框架，再結合自己的溝通優勢，定制屬於自己的溝通公式。

這個框架包含了我們在溝透過程中需要考慮的基本內容，忽略任何一部分，都可能讓溝通陷入僵局。簡單來說，我們需要照顧到各方現在、未來對事實與情緒的看法和期待，同時明確溝通決策機制，這樣才能確保框架的完整性。唯有保持溝通框架的完整性，才有益於我們達成某種程度的共識。

而後，我們就能根據這個框架，從自己的優勢出發，定制溝通公式，甚

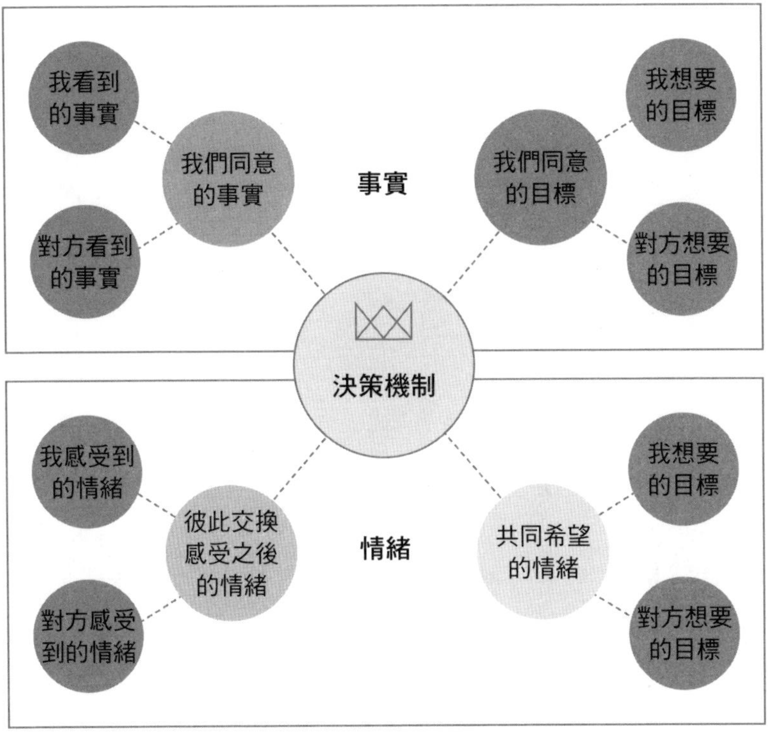
我看到
的事實
我們同意
的事實
對方看到
的事實
事實
我想要
的目標
我們同意
的目標
對方想要
的目標
決策機制
我感受到
的情緒
彼此交換
感受之後
的情緒
對方感受
到的情緒
情緒
我想要
的目標
共同希望
的情緒
對方想要
的目標

▲ 圖 2.1 溝通框架

至可以分場景來調整。

比如說，在跟客戶溝通時，我會用這個公式：

瞭解對方目標＋體察對方現在的情緒＋詢問對方期待何種感受＋表達同理（統一目標）＋雙方交換和討論事實＋確立決策機制＋如有必要，重複前面的步驟

這就是我根據溝通框架圖制定的公式。如果覺得哪裡不合適，我就會隨時調整，因為客戶的需求是多樣的。唯一不變的是，他們都需要透過溝通來達成關於「事實」和「情緒」的某種需求。我作為其中一方，也有自己的需求。照顧到各方——包括自己——的需求，是溝通框架幫我們解決問題的關鍵；確保所有人的需求在合適的時間點被照顧到，則是溝通公式的作用。

有效提出建議，並從負面回饋中獲益

人有時候特別自戀，渴望持久的關注與讚美，常常覺得自己的問題是世界上獨一無二的；有時候，也會因為別人的負面回饋陷入自卑。最要命的是，我們對負面回饋的反應經常是憤怒、慚愧，甚至羞恥。

人人都希望被認可，沒有人喜歡指責和批評。好在並非所有負面回饋都是指責和批評，也可能是前進的重要環節與推動力。

區分「破壞性批評指責」和「建設性負面回饋」

為什麼要區分兩者？因為在面對負面回饋時，我們不是要變成無論如何都會不生氣的「棉花人」、把所有職責和批評都視為聖經的「木偶人」，或者力圖抹去所有負面評價的「橡皮人」。

「棉花人」是空心的，無論別人說什麼，他都一笑置之，雖然不會受傷，但也無法擁有高品質的關係；「木偶人」整個身體都是心，無論別人說什麼，他都覺得有道理，在別人的評價中耗盡能量；「橡皮人」試圖蒙住自己的心，假裝一切都很好，試圖擦去所有負面評價，為自己建造了一個看似美好、卻一戳就破的「泡泡王國」。

要識別哪些是可以置之不理的「破壞性批評指責」，哪些是「建設性負面回饋」，我們可以從以下幾點來判斷。

- 批評通常是主觀評價，例如「我認為這件事你做得很糟糕」；回饋通常是客觀評價，例如「你這篇文章有十五個錯字」。
- 批評通常是居高臨下且不容置疑的，例如「你怎麼沒向我彙報就擅自做決定」；回饋通常是平等且詢問式的，例如「我很想知道，你為什麼忽視公司規範做決定」。
- 批評通常只給評價，沒有建議，例如「你這個方案太無聊了」；回饋通常帶有建議或解決方案，例如「你可以在這裡加上一些說明，讓大家更容易理解」。

■實際生活中，我們遇到的情況往往比較模糊。需要特別區分的是：有些批評披了一件「糖衣」，實則沒有建設性和可行性，這種看似禮貌的評論也屬於批評；有些回饋顯得咄咄逼人，很像「情緒炸彈」，實則可以推動事情的進展，這種反饋則屬於建設性負面回饋。

面對破壞性批評指責，我們需要根據實際情況來分析有用的資訊，然後把無關緊要的資訊和情緒拋在一旁，並對自己說：「這是我無法控制的，是對方的問題，我沒必要受其影響。」

建設性負面回饋就像是禮物，它能幫助我們探索未知的部分，同時看清對方的需求。這是一舉兩得的好事。

負面回饋是珍貴的禮物

很多衝突都是源自於某一方或雙方未能妥善處理負面回饋，因而使溝通向壞的方向發展。提出不同意見和建議，以期對方給予合適的回應，這是負面回饋的用意。但負面回饋往往像手榴彈：扔的人膽戰心驚，怕炸傷自己；接的人像拿到燙手山芋，又氣又惱，不知如何是好。

想要正確處理負面回饋，我們需要先「排雷」。所謂「排雷」，就是明白其本意是想推動事情前進，從而放下抵觸情緒。

但說得容易，做起來難，因為情緒一旦上來，就很難控制。我就是在負面回饋中長大的。我的雙親與多數同代父母一樣，認為如果一直誇獎孩子，孩子就會「飛上天」。因此，爸媽給我的通常都是負面回饋，像是「不會說話」、「做事情三分鐘熱度」、「身體不協調」、「生活白癡」等。

即便成年後閱盡人世，我也曾無法正確處理他們的負面回饋。我的模式似乎只有兩種：一，默默聆聽；二，忍無可忍，反駁、大哭、發脾氣。

對於這兩種模式，爸媽的看法一致：我沉默時，他們認為我不服氣；我反駁時，他們也認為我不服氣。所以，即便一開始尚有建設性，隨著怨氣日積月累，建設性負面回饋也會變成破壞性批評指責。

後來，我在「沉默」和「爆發」間找到一種更理想的模式——「有效互動」。不同於一味沉默或奮起辯解，我會聆聽，接著詢問、確認，最後給出自己的想法，再不斷重複這個過程。

為了進入「有效互動」模式，我會在面對負面回饋時這樣想，好讓憤怒或羞愧的情緒緩和一下：

一、如果對方不喜歡我，是不會給我任何建議的。

二、即使我辯贏了，對方也不會因此多喜歡我一些，所以，不必急著為自己辯護。

三、對方一定很用心，因為他給了回饋和建議，而非惡意批評和指責。

四、我只要想該如何回應，不需要指責對方的回饋方式。因為我有不接受的權利，對方也有提出回饋的權利（甚至是義務）。

五、感謝對方送了一份禮物給我，讓我能少走一些彎路。

六、（如果對方的話真的傷了你）對方一定很痛苦，才會用這種方式來表達自己。我很勇敢，但為什麼這句話會傷到我呢？是不是因為他說中了某些東西？

當我想到以上六點，很多情緒都會緩和下來。我會開始思考對方的建議是否可取，或者依舊按照自己的想法行動。

給出建設性負面回饋

想要正確處理負面回饋，我們需要不斷練習。最好的辦法，就是學會如何給出一個讓對方更易於接收、也更溫和的負面回饋。

成功的回饋源於合理的動機，亦即回饋者的目的要明確：為了展現自己的優越感，還是促使對方完成某件事？為了對方好，還是出於自己的利益？

合理的動機應該是，回饋者基於自己觀察到的事實，進行誠實的描述，從而引起對方關注，提升雙方的溝通價值。在成功的回饋中，雙方都可以得到想要的結果——某種改變或進步的可能性。這就是溝通價值。

有效回饋能提升雙方做出某種改變的可能性；無效回饋輕則沒有促成任何改變，重則損傷人際關係。

曾有專家研究一些失敗案例，他們發現，不成功的回饋對人類的腦迴路有害。人們經常在回饋中陷入兩種極端：一是表達過於委婉、和善，對方甚至沒意識到他在進行負面回饋；二是表達過於直接、突兀，對方很快就採取防禦姿態，回饋根本無法達到目標。

他們也研究了一些成功案例，總結出進行有效回饋的方法。

■ 第一步：用簡短但重要的問題開啟回饋，特別是那種不太會被拒絕的問題（the Micro-Yes Question）。比方說，「可以給我五分鐘嗎？我想跟你聊聊如何修改這份PPT」，或者「關於上次的事情，我又有了一些新想法，能跟你聊聊嗎？」藉此讓對方明白，接下來的談話是關於回饋。由於回饋是以提問方式展開，可以激發對方思考，同時讓他獲得自主權。

■ 第二步：用具體、客觀的語言進行回饋。儘量用明確、客觀的描述，避免使用模糊詞語。比如，與其說「你很靠得住」，不如說「你說週五會把報告給我，就真的給我了，非常準時」；與其說「你有點不負責任」，不如說「這份PPT上有三處錯誤，一個資料不太準確」。總之，儘量去掉主觀意見和評判，只進行客觀描述。因為主觀意見往往用詞模糊，無法有針對性地幫助對方修正行為。

■第三步：在客觀描述之後，要把事情的影響說清楚。比方說，「你提供的資料不準確，導致我們在整合資料時多花了半天時間，耽誤了進度」，或者「我很欣賞你後面加的案例，它非常有助於我理解這個概念」。這一點很重要，**因為我們的大腦是追求意義的；把影響說出來，就是為對方的行動賦予意義**。

■第四步：以徵詢式問句結束回饋，讓對方有表達想法的空間。比如，「以上是我的想法，你怎麼想？」

我們之所以曾經是「棉花人」、「木偶人」或「橡皮人」，是因為我們生性對負面回饋抱持抗拒情緒，認為這表示自己沒有得到喜歡和認可。我們沒有看到它的正面意義——即提升這段關係的價值。翻轉負面回饋，衝突就會升值，我們自己也會升值，何樂而不為呢？

ϟ 維護內心世界的秩序

我沒有特別愛做家事，但我對房間的整潔程度有所要求。比如，地面和床底不可以有灰塵；桌子上可以有很多東西，但不可以亂放。我把打掃房間看作秩序感的重建，仿佛內心的無序得到治癒。但是，每當我蹲在地上，把原本不算髒的地板擦得光亮時，總覺得「袖手旁觀」的先生很礙眼，甚至會故意找碴，對他發脾氣。

時間久了，我不禁會想一些問題：我生氣，是因為他沒幫我擦地板嗎？不是，我只想親自動手，他擦的地，我未必滿意。我生氣，是因為他沒有照顧好孩子，讓孩子打擾到我了嗎？不是，他確實在照顧孩子。我是希望他消失嗎？不是，他在旁邊看，反倒讓我很有成就感。那我到底為什麼生氣呢？難道發脾氣是我重建生活秩序的一部分？

我想了很久，不得不承認，這確實是我生活秩序的一部分。小時候，我媽就是一邊收拾屋子，一邊朝我爸吼，而我則十分識相地安靜聽著。日積月累，這種畫面在我腦海裡形成一種記憶，成為我內心一個家該有的秩序。似乎只有這樣，我才會覺得這是家。

但是，需要重建秩序的是我，跟我先生有什麼關係呢？他被強行帶到了一個他不熟悉且不那麼美好的秩序裡，豈不是很無辜？

其實，生活中有太多這樣的情況。我們會為了維護內心秩序去影響別人、要求別人，把他們當作劇本裡的角色，而自己就是導演一樣的存在——演員如果不照劇本演，導演就會跳出來批評指正，甚至發脾氣。

重建「誰」的秩序

秩序分為三種：一種屬於自己，關乎內心秩序；一種屬於全部或大部分人，是社會秩序；兩者重疊的部分，屬於人與人之間，即人際秩序（見下頁圖2.2）。

我們必須遵守社會秩序，否則就會觸碰法律。比方說，過馬路時不可以闖紅燈。

每個人對於人際秩序的解讀不同，這也是很多衝突產生的主要原因。比如，是不是一定要扶老奶奶過馬路，並非所有人的情況和立場都一樣。

內心秩序只屬於自己，對他人不具任何約束力，卻容易導致人際秩序失衡。例如，有人在過馬路時，必須大聲唸出斑馬線的數量。這個例子看起來莫名其妙，但仔細想想就會發現，許多人際衝突都源自於「某個人要維護對別人來說莫名其妙的內心秩序」。我想在擦地板的時候對先生發火，就像我要求一個路人在過馬路時必須大聲唸出斑馬線的數量，都是在維護自己的內心秩序。

內心世界的秩序與他人無關，因

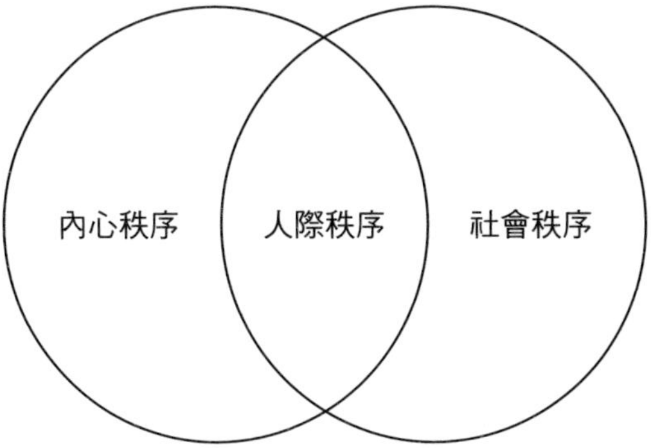

▲圖 2.2 三種秩序

此，吵架也於事無補。就算把內心秩序問題變成人際秩序問題，我們的內心也未必能安靜下來，還可能在維護內心秩序的路上越來越偏執。

問題大多出在內心秩序

衝突的原因看似是雙方溝通模式不同、性格不合或其中一方傷害了另一方，但其實都是因為我們維護內心秩序的方式出了問題。常見的問題有以下三種。

第一種：沒有意識到自己處於失序狀態。

當我們處於混亂、糾結、不知如何做決定的狀況，多半已經失序。比如，另一半犯錯時，我們糾結該不該原諒對方；在職場中被上司打壓時，我們猶豫要不要反抗。這時候，與其分析情況，籌劃行動方案，不如退一步想想：我們在這段關係中都做了什麼？我們希望擁有什麼樣的關係？我們的底線在哪裡？只有當這些問題得到回覆，我們的內心秩序才能重建。

第二種：仰賴與他人的互動來維護有序狀態。

當我們靠爭吵、發洩、翻舊帳、討拍等方式來恢復內心秩序時，往往是把主動權交給了別人。比如，我不是很有自信，所以需要家人和朋友的無條件認可來建立自信；我心情煩躁，所以需要對某個人發脾氣。這些做法也許會奏效，但風險也很大，終究是靠不住的。把主動權交給別人，既對自己不負責任，也對別人不公平。你要成為什麼樣的人，只有你自己可以回答。

第三種：想把內心秩序變成人際秩序，甚至社會秩序。

當我們奮起維護內心秩序的時候，應該留意一下，我們是不是過於自我中心，把內心秩序當成人際秩序，甚至是社會秩序。比方說，遇到不順心的事，我們就怪別人沒有按照自己的意願行事；看到路人的舉動不符合自己的想像，我們就橫加指責。「我以為的」就應該是「我們以為的」，而「你以為的」一點都不重要。這種想法會讓人隨時隨地和他人發生爭執。明明不可理喻或不近人情，卻以為自己在捍衛正義。

維護任何一種秩序都是必要的，而衝突是維護秩序的有效方式之一。但是，我們需要在進入衝突狀態之前，看清楚到底是哪一種秩序產生混亂。如果是內心秩序，我們就要跟自己對話；如果問題明明是出在內心秩序，我們卻一直跟別人較勁，恐怕他們遲早會離開，留給我們的只有孤獨。如果是人際秩序產生混亂，我們就要跟他人對話；如果問題明明是出在人際秩序，我們卻一直跟自己較勁，那問題永遠解決不了，留給我們的只有自責。所以，好好問自己：我們需要重建的到底是哪一種秩序？我們該跟誰對話？釐清這兩個問題，能使我們成為內心有序且溫暖的人。

第3章

面對他人刁難，打開上帝視角

「找麻煩」的人到底在想什麼

在前一章，我們已經搞清楚：我們之所以跟人起衝突，往往是因為錯把衝突當成萬能解決方案。接著，我們再來看看衝突的另一方。你有時候可能覺得自己很無辜，莫名其妙被挑剔、指責。這時候，即便瞭解自己的內心，也沒什麼幫助，因為我們不知道那些「找麻煩」的人在想什麼。

我到底做錯了什麼？對方為什麼要找我麻煩？想要妥善處理這類衝突，我們得先認識兩種「找麻煩」的類型。

「不關我的事」和「只關我的事」

「找麻煩」也叫「找碴」，是指吹毛求疵地挑剔、批評。通常發生在我們的付出無法滿足他人期待的時候。

我們認為對方在找碴，對方卻覺得這是合理的要求；我們覺得對方吹毛求疵，對方卻認為這是最低標準；我們認為對方在批評，對方其實把更嚴厲的話憋在了心底；我們認為對方在打壓自己，對方卻認為這是為了我們好。

尤其在職場上，不管新人還是老鳥，都曾向我抱怨：「不管我做什麼，老闆都會想辦法貶低我。他一定是在故意打壓！」

當我們自認盡了最大努力卻沒有得到認可，反而遭受批評與指責時，往往會認定對方在故意找碴。一旦有了這種抵觸心理，我們的大腦就會自行啟動一種防禦機制，關閉所有覺察能力。這樣一來，就切斷了通向良性衝突的路徑。

這時候，不要急著鬧情緒，先停下來想想：這件事到底是「不關我的事」還是「只關我的事」？

「不關我的事」亦即對方的態度只是當下某種情緒的產物，與我們毫不相干。此時，我們通常很氣憤，覺得自己被傷害、被辜負、被欺負，但其實，只要我們不把自己放在事件中心，就會發現在旋渦中掙扎的是對方。他的憤怒、不滿、無助，都只關於他自己，並不是指向我們。

「只關我的事」是指對方的態度很正常，但我們卻覺得受到傷害，內心深處有一種被刺痛的感覺，難以釋懷。這時候，我們或許會感到氣憤，但氣憤之下潛藏的是羞愧或不敢面對。此時，我們自己才是在旋渦中掙扎的人，但當事人通常意識不到，而認為是對方想要的太多。

如何區分「不關我的事」和「只關我的事」呢？很簡單。感覺別人在找碴的時候，如果你不能透過「這不關我的事，是他自己沒想清楚」的思路有效解決問題，那它一定屬於「這是我的事，我得看看自己怎麼了」的範疇。

聽起來很不負責任？我先舉個例子。

我曾經有一個客戶，是從傳統行業跳槽到某互聯網「大廠」的職場新人。因為互聯網公司內部調動很快，她入職剛滿三個月，工作內容就跟最初設定的有所出入，主管安排她負責一項她從沒接觸過的工作。她來找我的時候非常痛苦，表示自己每天上班都很煎熬，還在會議上被老闆罵哭過。用她自己的話來說就是：「老闆每天都用他的思維邏輯、價值觀和喜好來要求我、否認我，結果就是，我越來越沒自信，開始自我否定，陷入惡性循環。這是我不熟悉的領域，他是故意找碴。」

第一次會談時，我問她：「妳覺得老闆說的對嗎？」她迴避了我的問題，告訴我：「我無法達到老闆的要求。我進公司的時候，職務內容並不包含這項工作。」

我問她：「老闆的要求合理嗎？」她又一次迴避了問題：「我可能不適合互聯網公司，我的身體也跟不上這裡的工作強度。我快三十歲了，還得留點時間談戀愛呢。」

我繼續追問：「妳認為老闆想要什麼呢？」她回答：「因為原來那個崗位上的人離職了，他想讓我接替她的工作。」

我又問她：「那老闆的要求合理嗎？」她說：「其實是合理的。」

這件事情顯然不屬於「不關我的事」的範疇，而是「只關我的事」。

之後，我們又進行了幾次會談，都是本著「只關我的事」的思路，以她為出發點來探討整件事。摒棄受害者心態後，她更加明白了自己的擔心、恐懼和目標：她擔心自己過不了試用期，對完全沒接觸過的工作內容有很深的恐懼。她希望走上平穩的成長之路，那比起衝鋒陷陣更適合她。

她做了很多改變和嘗試。幾個月後，她還是覺得自己不適合那個崗位，於是離開了那家公司。

後來她說，雖然我們的會談沒有改變事情的結局，但對她產生了很大的影響。如果她一直抱持著受害者心態，憤而離職，那她以後在職場上永遠都是「不關我的事」的思維，看不到自己應該在哪些方面努力。經過「只關我的事」的探索後，她最終選擇更合適的職業與生活方式。她不再有不滿和委屈，只有對自己的坦誠和對未來的嚮往。

面對那些找碴的人，我們只需要問自己一個問題：這是「不關我的事」嗎？」如果是，我們就應該儘量把風暴中心還給當事人，不要覺得凡事都是圍繞著自己轉的。如果這種辦法依然不能讓「被找碴」的感受消失，就說明它「只關我的事」。這時候，要把自己放回中心，想想是什麼東西引發了這場風暴。

用成長思維看待自己引發的問題

放下那些「不關我的事」的麻煩，其實並不難，最難的是，當我們意識到一切都是因自己而起時，如何面對心底的自責、羞愧或恐懼。這種感覺令人受挫、失望，提不起行動力，甚至想放手不管。

這時候，請對自己寬容一點，給自己一個擁抱，告訴自己：受傷很正常，每個人都是在披荊斬棘中成長的。**感覺到痛，正說明這個經歷觸及了自己的要害。這沒有什麼好羞恥的，因而成為把頭埋在土裡的鴕鳥，才是一種遺憾。**

在《心態致勝：全新成功心理學》這部經典著作裡，心理學家卡蘿·杜維克把人的思維模式分成兩種：固定思維和成長思維。固定思維的人把失敗視為對能力的否定，認為人需要不斷被認可才能證明自己。他們害怕被評價，遇到挑戰就退縮，只願意嘗試熟悉和能夠掌握的事情。成長思維的人則把失敗看作成長的機遇，認為人的能力可以不斷提升。他們喜歡挑戰自己，面對刺痛感，他們更在意怎樣才能比過去的自己更好。

遭遇挫折的時候，很容易開啟固定思維，把重點放在「我能力不足」、「我不被認可」、「我無從改進」等消極情緒上。這時候，我們處於恐懼模式中，只要稍微往成長思維靠攏，就能進入學習模式，勇於迎接新挑戰，征服新目標。直到可以自我驅動、自我反思，完成更多自己設立的任務，我們就會完全開啟成長模式。

我很喜歡圖3.1，因為它將所有模式都放進了成長模式中，讓人感覺無論處於何種模式，都只是達到成長模式的必經之路。我也經常拿它來問自己：我現在到底處於哪一種模式？

如果我處於恐懼模式中，我會告訴自己：別擔心，再努力一下，就能進入學習模式了。恐懼和不安只是必經環節，沒有任何不妥。要相信自己的療癒能力，也要相信自己的努力。

你們可能會發現，對於「不關我的事」和「只關我的事」的

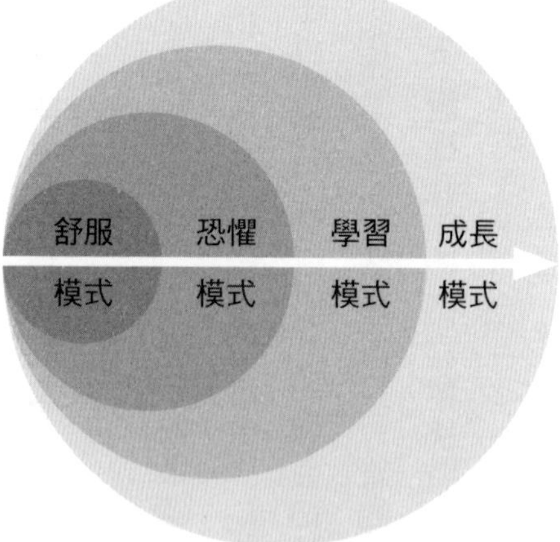

▲圖 3.1 從固定思維到成長思維

區分，其實只是玩了一個文字遊戲。本質上，「不關我的事」和「只關我的事」最終都取決於我們如何看待「被找碴」這件事。說到底，兩者都是「只關我的事」，因為我們才是自己思想的主人。

難相處的人真的不可理喻嗎

在任何關係中，我們都會遇見難相處的人——同事、戀人、孩子、父母、朋友、鄰居、路人、客戶，甚至是自己。

有的人特別強勢，做事一意孤行，很難合作。難相處！

有的人老是垂頭喪氣，做什麼都沒有精神，常常把氣氛搞垮。難相處！

有的人超級自戀，總認為大家都嫉妒他的美貌和才智。難相處！

有的人脾氣暴躁，還不聽勸告，出現問題後，總是指責別人。難相處！

有的人太黏人，讓別人沒有喘息空間，還不能對他講明。難相處！

有的人缺乏主見，凡事都依賴別人，還總覺得自己是受害者。難相處！

生活中這樣的例子，花上一天都說不完。**好相處的靈魂都是相似的，難相處的靈魂則各有千秋。**

這些難相處的人，為什麼要跟我們過不去呢？據我觀察，主要有以下四種原因。

他們不希望被糾正

遇到強勢的人，我們會說：「你能不能聽一下別人的意見？」遇到脾氣暴躁的人，我們會說：「你能不能冷靜一點？」遇到黏人的人，我們會說：「你能不能自己找點事情做？」

每每遇到難相處的人，我們的第一個念頭就是改變對方，讓他變得好相處。這種想法很正常，因為人都是基於自己的需求來思考。殊不知，這種念頭本身就是第一道障礙。

遇到為我們帶來困擾的人時，自然反應便是「請你把困擾帶走，不要阻礙我的生活。」但在實際衝突中，第一反應往往無助於解決問題。

都說當局者迷，**即便我們認為對方處於一團迷霧中，也不要認定自己就是能吹散迷霧的風。**搞不好我們自己身處一團更大的迷霧。

他們的核心價值千變萬化

前文提到，難相處的靈魂「各有千秋」。這使得我們每遇到一種新情況，過往的經驗就全部作廢。就像遊戲打到一半，功力盡失，裝備全掉，需要重新來過，令人沮喪。

但請仔細想想，在過往經歷中，真的沒有什麼可以吸取的部分嗎？強勢的人和沒有主見的人沒有共通之處嗎？他們最大的共通之處就是：都有自己的核心價值，只是不同而已。能體察對方的核心價值需求，是一種非常重要的能力。

我們不知不覺用抱怨取代了溝通

一個人是否難相處，真的是見仁見智。我覺得老闆很難搞，但別人跟他處得很好；你覺得戀人很難搞，但別人跟他在一起的時刻都很幸福。遇到難相處的人時，我們往往會向身邊的人抱怨。情緒獲得宣洩，自己似乎也沒什麼損失。

但這種抱怨真的沒有成本嗎？當我們抱怨時，就損失了本可以用來溝通的時間成本，以及可以創造其他價值的機會成本，也損失了積極的心態、別人對我們的信任和自信。

我並非提倡面對困難時要一味隱忍，而是不要為了抱怨而抱怨，兩者有很大的區別。向別人傾訴是一個整理的過程，我們或許可以從中發現自己之前未挖掘的角度，在面對別人的意見和建議時，也能懷著開放的心胸評判。**為了抱怨而抱怨，只是求口舌之快；自己得到抒發，卻把情緒垃圾倒給了別人，毫無價值。**在抱怨中，我們也會不知不覺成為難相處的人。

所以，抱怨是有成本的。

我們沒能跨越理解和認同的鴻溝

我們很難理解難相處的人，更別說認同他們了。大家說的明明是同一種語言，但雙方之間好似隔著一條無法踰越的鴻溝。「真搞不懂他在想什麼，簡直不可理喻！」遇到難相處的人，我們常會這樣抱怨，卻從沒想過自己為什麼一定要理解他們的想法。我們似乎認為，溝通的前提是必須理解，甚至認同對方的行為、態度或思維。這種要求太不切實際了。

也許有人會說：「我可以降低標準，不求認同，但求理解。」但是，理解對方的想法，真的有助於溝通嗎？話說回來，理解不了對方的想法，就真的無法打交道嗎？如果必須這樣，你的人際關係恐怕已經所剩無幾了。

每個人都是不同的，即便我們可以百分之百地站在對方的角度思考，也不可能完全理解、認同對方，因為就連他們有時候也無法理解和認同自己。

有些人難相處，固然有一套理由，但是，就算我們理解了背後的原因，也無法保證能夠搞定這些人。問題關鍵在於，我們如何看待這些人、想要如何對待他們，以及想和他們維持怎樣的關係。

如果我們總是控制不住改變他人的衝動，一味抱怨，把他們看成個案而非尋找共通點，就會在衝突的旋渦中越陷越深。反過來，如果願意更包容、開放地對待每一種存在，不再試圖理解所有靈魂，我們就會發現，難相處的人越來越少，自己也越來越能化解衝突。

三招搞定難相處的人

明白了化解衝突的關鍵在於我們如何看待這段關係，而不是扭轉對方的「不可理喻」，就能更有信心去應對衝突。沒鞋不要緊，因為沒鞋的人知道應該去買鞋，怕的是鞋在自己手裡，卻滿屋子找鞋，還又累又氣。所以，找到衝突的關鍵所在，就像低頭看到自己手裡的鞋，已經從「搞不定」向「搞得定」邁進了一大步，剩下的就是如何把鞋穿上的問題了。

不用把難相處的人想得太複雜，我們不妨先做好三件事情。

用開放的心態做排除法

排除法好比出門之前照鏡子，看自己是否少穿了一件衣服；開放的心態則是誠實面對鏡中的自己，而非只看見美化後的影像。是的，遇見難相處的人，我們經常會無意識開啟自我美化濾鏡，認為問題出在對方身上，自己沒有問題。和對方陷入看似無解的衝突時，請先深呼吸，想像自己在一面大鏡子前，接著排除這兩種情況：

我隨意貼了標籤

人是一種依賴感覺且聯想力超強的生物，經常會莫名地喜歡或討厭某個人，還會替不瞭解的人貼標籤：全職媽媽生活裡只有孩子，肯定不幸福，所以她才沒事就發飆；三十五歲還沒有升任總監，他的職場生涯已經提前終結了，他就是因為自己沒能力，才處處遷怒他人。當我們為某些人貼上不友善的標籤，往往是出於片面的判斷，或一時心情太糟糕。那些貼在別人身上的標籤，都顯示了我們自己的狹隘。

我才是那個難相處的人

「難相處」是一種主觀感受，有可能我們自己才是那個難相處的人也說不定。經常問問自己：我在某件事中的要求和行為，是否有調整的空間？這讓我們有更多機會自我反思。自我美化是一種本能，如果不時常進行反思，就會真的認為自己完美無瑕。但事實真的如此嗎？相信我們心中自有答案。

你可能會說：「我為什麼要從自己身上找原因？有問題的人又不是我！」我們要警醒：有問題的人往往就是自己，只是我們沒意識到而已。因此，先使用排除法是極其必要的。有些時候，卸下自我美化濾鏡之後，我們會發現「原來我才是那個小丑」。這種感覺真的很差。

尊重對方，同時保護自己

這其實是同一件事情：因為尊重了對方，所以保護了自己。尊重對方是指，在彼此互不認同的情況下，我們仍能表現出願意理解對方的想法和行為。真正的尊重不是說說而已，是要由內而外傳達出一種態度。除了語言，還包括眼神、微表情、語調、肢體動作等。

保護自己是指，在物理或心理上與對方隔離，為自己創造一個安全區，不讓對方過分影響、傷害我們。對方處於一個巨大的旋渦之中，無法脫身，我們首先要做的就是避免被捲入其中。物理隔離比較簡單，就是儘量不與對方來往，斬斷交集。如果只是為了保護自己，我們可以完全遠離這個人。但物理隔離並不是所有情況都適用，因為衝突有無數種樣貌，如果一味遠離，就喪失了人類的社會屬性，我們會寸步難行。

這時候，我們要學會心理隔離：明白對方身處旋渦之中，同時不被他拉進去。心理隔離最好的辦法就是尊重對方，相信他有應對旋渦的方法。如果一個人對下屬總是很強硬，他可能是用強硬應對喪失話語權的恐懼，我尊重他的方式；如果一個人總是傳遞負面情緒，他可能是透過負面情緒應對生活帶來的苦澀，我尊重他的方式；如果一個人總是不肯承擔責任，他可能是用逃避應對責任的壓力，我尊重他的方式。

尊重可以讓我們自然而然地與對方隔離開來，明白雙方各有立場，從而建立心理安全區，且不需要徹底切斷關係。

積極提問和聆聽

面對難相處的人，我們的第一反應往往是指責和評價。以經驗判斷，指責和評價往往會讓衝突升級。這樣一來，我們非但解決不了問題，還會挖更大的坑給自己跳。當我們抱持開放的心態尊重對方，自然就不會劈頭就是指責和評價了。接下來，我們該做什麼呢？

面對僵持不下的情況，我們可以積極提問、認真聆聽。而且，這個辦法「老少皆宜」。

舉個例子。我帶女兒下樓玩的時候，經常遇見一個四歲多的小男孩。他總是做一些嚇唬人的動作，甚至朝小朋友扔石頭。帶他的阿姨除了大聲制止他，也不知道該怎麼辦。

第一次看到他拿東西打我女兒的時候，我在心裡就給他貼了個「野孩子」的標籤。我瞪了他一眼，剛好被他看到，結果他雙手叉腰，走到我面前來瞪我。我本著「不跟小孩子一般見識」的原則，沒有理他。第二次，他又朝我女兒丟石頭，我女兒竟也開始丟回去。我趕緊把她叫住，小男孩怒氣衝衝地跟了過來。我對女兒說：「不可以朝小朋友丟東西。」女兒指著他說：「是他先丟的。」我沒有多想，只是為了哄女兒，便說：「他可能是想跟你玩吧。」小男孩在旁邊憤怒地看著我們。

氣氛有些尷尬，而我心中有兩種想法在糾結：要教育他嗎？但我又不是他的家長。不管他嗎？但他又這麼不禮貌地瞪著我們。於是我問他：「你叫什麼名字？」想不到，他的表情一下子就變了：「我叫麥克斯。」看來，他並沒有惡意。我又問：「你幾歲了？」他馬上回答：「四歲多。」我接著問：「你上幼稚園了嗎？」他告訴我他的幼稚園在一座山上，還說了幼稚園的名字。最後，我指著女兒問他：「你是想跟她玩嗎？」他不好意思地點頭。女兒見我跟他聊起來，很快就不討厭他了，還伸手拍拍他衣服上那只會發聲的小熊。兩個人很快成了朋友。

後來，我反思整個過程：我先是撕掉貼給小男孩的「野孩子」標籤，然後尊重他應對「想跟別人玩，但不知道如何表達」的方式，接著用提問讓他自動卸下「難相處」的面具，最後從他的轉變中得知他的真實想法。於是，他從「野孩子」變回了可愛的麥克斯。

我逐漸發現，很多人戴的「難相處」面具，在他們感覺「被聽到、被看見」之後，就會慢慢卸下。每個人都有自己的核心價值，不論用什麼方式來表達訴求，只要感覺自己的心聲被聽到之後，他們就會緩和下來。

總之，對待難相處的人，只需要三個步驟：搞定自己，搞定距離，搞定對方。

搞定自己，需要我們用開放、包容的心態，審視自己的思維定式，不亂為他人貼標籤，確保自己不成為那個難相處的人；搞定距離，需要我們以尊重對方為前提，建立心理安全區為結果，由內而外地進行隔離；搞定對方，需要我們透過提問和聆聽來探尋並確認對方的核心價值。如果在第三步遇到困難，不妨重新進行前兩步，說不定會有不同的發現。正確運用這三個步驟，你會發現，難相處的人變得不再難相處了。

系統思維：打開上帝視角

「系統」是一個複雜且神奇的存在，它包含若干個體和若干關係。系統內的個體各不相同，個體間的關係也不是線性的，它們相互作用、相互影響，可能會被抵消，也可能被放大，每一個系統的輸出和結果都有極強的不可預見性。系統和系統間也會相互影響，甚至大系統中又包含小系統。

我們每個人看似強大，實則只是系統中的「一葉小舟」，被各種力量牽扯著。反過來，我們每個人看似渺小，實則能製造「牽一髮而動全身」的蝴蝶效應。在衝突中，我們看似在跟某個人對話，實則面對的是他身後的若干系統；我們看似是一個個體，身後卻有若干系統在影響我們。

面對衝突時如果缺少系統思維，我們就會把焦點都放在「人」的身上，忘了每個人都存在於若干複雜的系統裡。讀懂個體在系統中的強大和渺小後，我們會更加理解系統思維。

被遺忘的系統

系統是一張無形的大網，每個結點都代表一個個體或個體組成的集群，每條線則代表它們之間的關係。系統無時無刻不在運轉，就像人體一樣，即便處於睡眠狀態，人體也不會停止運作。

系統往往是看不見、摸不著的。比如，公司是最常見的系統，雖然我們可以用組織架構圖來表示其內部構成，卻無法直接說明這個系統是如何運轉的。要想理解這個系統，我們還需要瞭解這家公司的企業文化、決策流程、執行方式、員工關係、領導風格等，而這些大都隱藏在眾多關係中，不容易被看見。

世界經濟論壇（World Economic Forum，WEF）於二〇二〇年發布的《全球風險報告》（The Global Risks Report）裡，就有一張將系統思維視覺化的圖（見下頁圖3.2）。

從這張圖中，我們可以清楚看見，沒有哪個風險是單獨存在的，錯綜複雜的關係形成了系統。

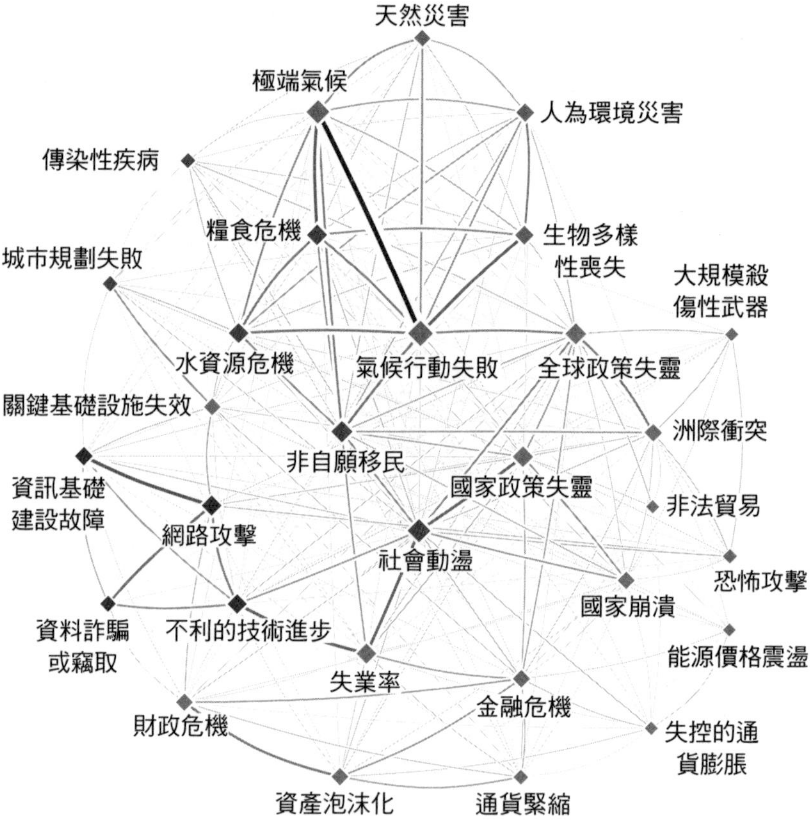
天然災害
極端氣候
人為環境災害
傳染性疾病
糧食危機
生物多樣
性喪失
城市規劃失敗
大規模殺
傷性武器
水資源危機
氣候行動失敗
全球政策失靈
關鍵基礎設施失效
洲際衝突
非自願移民
國家政策失靈
資訊基礎
建設故障
網路攻擊
非法貿易
社會動盪
恐怖攻擊
國家崩潰
資料詐騙
或竊取
不利的技術進步
能源價格震盪
失業率
金融危機
財政危機
失控的通
貨膨脹
資產泡沫化
通貨緊縮

▲圖 3.2 全球風險系統圖（2020）

同樣的，每個人都經歷過無數看不見、摸不著的系統洗禮。但是，我們經常忽略系統因素，一是因為一直以來人際強調「人與人之間的關係」，二是因為大部分系統和它們賦予我們的東西都是隱性的，並不像圖上顯示的那樣明顯。

我們往往對彼此太「狠」，卻忘了所有人都活在系統裡。小自家庭，大到社會，都在各種系統中運行。當我們思考「這個人為什麼這樣」時，看看他背後的系統，自然就知道答案了。

一對老是吵架的夫妻，難道是因為生肖和星座不合嗎？如果把焦點放在系統，就會發現，他們的成長經歷、教育背景、思考方式、工作環境等系統性因素對他們產生了截然相反的影響，讓兩人無法達成共識。一方可能是家中長子，認為「長兄如父」，另一方可能是最不受關注的、早早離家的女兒，認為「小家先於大家」；一方受的教育是追求理想生活，另一方由於家庭關愛缺失，十分嚮往茶米油鹽的平淡日常；一方把事業當作生活，另一方認為事業僅僅是為了生活。這也是為什麼一些父母輩的夫妻吵了一輩子架，唯獨能在兒女問題上達成共識：因為兒女是他們系統中的唯一交集。

關係裡的每一個個體都和其他個體有著千絲萬縷的聯繫。我們越是深陷某一段關係，就越容易忘記系統的影響。這會讓我們迷失在關係裡，看不清整體。

系統思維帶來更開闊的視角

系統思維不專注於單一個體，而是著眼於整體以及個體間的關係。它能帶來更開闊的視角，有助於我們在衝突中看清全域，更有同理心，更能做出有效決策。

我有一些客戶，他們不知道如何處理與家人的衝突，似乎無論做什麼選擇，父母都有不滿意的地方，但父母給的建議，他們又不喜歡，所以雙方關係一直很緊張。有一位早已為人父母的客戶曾對我說：「成為父母之後，我更能感受到爸媽對我那種沒說出口的失望。」

成為父母後，不是更能理解爸媽「希望兒女幸福快樂」的期盼嗎？每個人的表達方式不同，但這並不影響他們希望兒女一生順遂的本意。為什麼已經為人父母，依然不明白這番好意呢？

這是視角問題。正因為過於親密，我們在面對親子衝突時，更容易陷入一對一的關係桎梏中，察覺不到系統的存在。這時候，我們是採平視或仰視視角，而思維則是線性的（見圖3.3）。

家人對我提出要求時，我要嘛接受、要嘛反對，這就是線性思維。這種思維讓我們背負巨大的精神壓力，也是為什麼為人父母的人還會認為「如果我沒達到父母的期望，就會讓他們深感失望」。

一旦具備系統思維，我們就能把自己和父母的關係看成系統的一部分，然後用下頁圖3.4所示的系統思維重新思考，獲得更開闊的視角。

這時候，我們是採俯視視角——就像前文所說的上帝視角——但更全面考量到系統中的每個人。

我們可以看清全域：我是我，父母是父母，我們

▲圖 3.3 線性思維

的關係和其他關係一樣，跟諸多因素有著千絲萬縷的聯繫。我聽從或違背某些要求，也不過是關係線中的其中一條罷了，系統並不會因此崩塌。

我們會更有同理心：父母有自己的系統，他們的思想是其系統下的產物；我們除了受他們影響，也受其他外部系統影響。父母並非對我失望，只是在他們的系統規則與認知裡，我的選擇會讓我承擔很多「不好」的結果。

我們更能做出有效決策：觀察系統，瞭解父母如何受系統影響，就能理解是什麼驅動他們的行為，

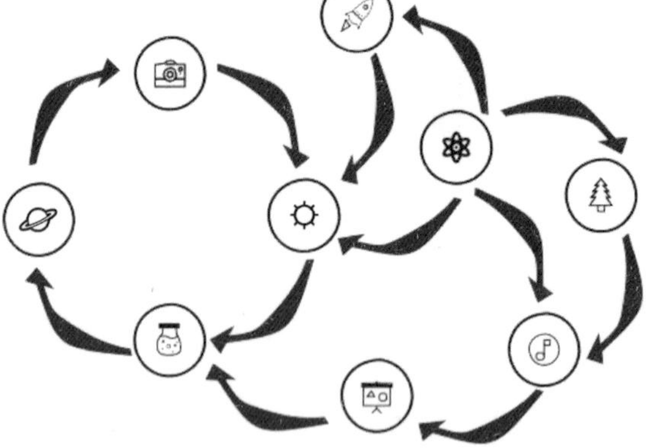

▲圖 3.4 系統思維

也更清楚如何有效影響父母，而不是一味在一對一的關係中消耗能量。

如何鍛煉系統思維

想要具備系統思維，有幾個要訣。

一、適當地退後。只有離得夠遠，我們才能看見系統的全景圖。要適時放下放大鏡，拿起望遠鏡。

二、經常懷疑自己。只有對自己的認知提出疑問，才能看得更全面。

前兩個要訣聽起來很有道理，卻很難做到。這時候，我們就要學會第三個要訣：把系統視覺化。把看不見、摸不著的系統視覺化，可以推動我們做到前兩個要訣。更重要的是，它能將系統化繁為簡，幫助我們找出關鍵點，直擊要害。

系統視覺化並不難，一共分為三步。

首先，找出系統中的變量。這時候，不用考慮各變量之間的關係，只要把它們列出來即可。將所有變量寫在便條紙上，方便移動。要特別注意，這些變量是不帶正負動作的。比如，「團隊滿意度」是一個變量，「提升或降低團隊滿意度」則否；「父母對男朋友的認可」是一個變量，「提升或降低父母對男朋友的認可」則否。

其次，試著將有關聯的變量用箭頭連起來，並標注正負動作。如圖3.5所示，資源合理分配會提高團隊滿意度，提高團隊滿意度可以減少員工非正常流失，而減少員工非正常流失可以節約成本，節約成本又可以促進資源合理分配。這就形成一個因果迴圈；改變中間任何一個變量，都

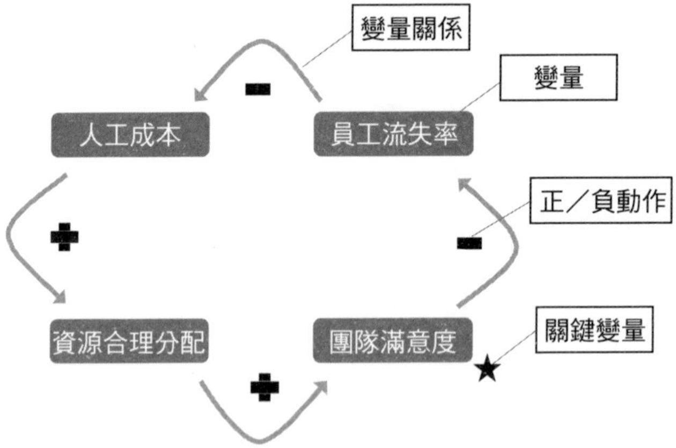

▲圖 3.5 因果迴圈

會改變迴圈中的其他變量。不是所有變量都會形成因果循環，但那些可以形成迴圈的變量，我們務必特別注意。

最後，我們要找出關鍵環節和關鍵變量。關鍵環節是影響極大的變量關係或關係集群，關鍵變量是極為重要且可以立即針對其開展行動的個體變量。我們要在系統中梳理出關鍵環節，從中尋找自己可以影響的關鍵變量，然後透過變量關係來影響整個系統。如果關鍵環節中沒有能即刻行動的變量，我們也可以從最有把握對其施加影響的變量開始，而不至於束手無策。

系統看起來很複雜，但並非高不可攀。只要我們有意識地培養自己的系統思維，面對衝突時，嘗試在個人視角和上帝視角間來回切換，就會發現曾經難以應付的衝突點，其實再正常、再合理不過了。如果只著眼於人和衝突，就會忘了我們都在系統裡，下意識將其他存在無理化，喪失處理衝突的基本前提。只有覺察系統，我們才能更開放、包容地面對衝突。讓我們放過彼此，發生衝突時，就套用系統思維吧！

第4章

讀懂陌生人怒點，遠離社交雷區

衝動的陌生人是怎樣煉成的

這類新聞屢見不鮮：路人甲和路人乙起了衝突，小吵釀成大禍，輕則傷筋動骨，重則毀容喪命。我們總覺得這種故事離自己很遠，但陌生關係衝突其實比我們想像中更近。我們也是別人生命裡的路人甲乙，說不定哪天也會因為跟陌生人發生衝突而登上社會新聞。

路人，就是我們現在不認識、未來大概也不會有交集的人，是我們認定不會再見的陌生人。乍看之下，他們是和我們交集最少的群體，但這些人的影響往往是很大的。他們可能在危難之時救我們於水火，也可能猝不及防把我們置於懸崖峭壁。

我曾看過一篇社會新聞：一名女顧客跟服務生發生衝突，被服務生潑了一盆滾水，導致大面積燙傷。

在此之前，我從未如此清晰地意識到，陌生人的衝突會有如此嚴重的後果。印象中，不認識的人即便起爭執，也不過是一些雞毛蒜皮的小事，能有多嚴重？可是，越來越多陌生人衝突事件證明：衝突帶來的傷害跟雙方是否熟識毫無關係。陌生人之間的衝突，反而更容易走向失控。

短短幾分鐘的接觸，何以引發如此強烈的憤怒呢？我反覆思考後發現，陌生關係衝突跟其他衝突有兩個重要區別：一是陌生人之間本就缺乏信任基礎；二是我們總認為，即使不瞭解對方，也可以對他們品頭論足。

缺乏信任：陌生關係衝突的「放大鏡」

如果仔細觀察不同人是如何跟陌生人打交道的，就會發現一件有趣的事。面對陌生人時，往往會出現兩個極端：一個是彬彬有禮甚至小心翼翼，生怕說錯說；另一個是毫無顧忌，完全不在意禮貌。既然面對的是以後再也不會有來往的人，他們就會丟掉社交面具，露出真面目。

出現極端行為是因為我們的某些感觀被放大了。在上述兩種極端行為中，被放大的是我們的人性和動物性，兇手則是「不信任感」。試想，如果雙方並非完全陌生，有一定的信任基礎，衝突可能根本不會發生，至少不會升級；如果是全然陌生的關係，缺乏信任會導致我們用最極端的情況去預設對方的反應。

人性之所以被放大，是因為我們要權衡利弊、規避風險。「小心翼翼」不是因為在乎別人的感受，而是因為不信任對方。這看起來像是自信不足或者謙卑，實則是一種自我保護。

動物性之所以被放大，主要是因為雙方沒有信任基礎，有時還處於「零和博弈」中。在這種情況下，人們會不自覺遵守「叢林法則」——弱肉強食，優勝劣汰。誰都不想輸掉這場「生存之戰」。

很多時候，人們還會在兩種極端行為之間切換。前一秒還互不侵犯、相敬如賓，後一秒就殺氣騰騰、絲毫不讓。對待路人，我們可能沒有耐心和信心維持人性到底，更可能的是順從動物性，追求「勝者為王」。

客觀上來說，我們無法、也不可能馬上瞭解對方；主觀上來說，我們認為沒必要瞭解每一個陌生人。因為建立信任是一件耗時費力的事，成本高得令人退避三舍。

即便是一個輕易相信他人的人，小時候也一定聽媽媽唱過〈小兔子乖乖〉：「不開，不開，我不開，媽媽沒回來，誰來也不開！」

我們從小被教育要警惕陌生人，又判斷彼此在未來不會再見，被放大的人性便瞬間切換成被放大的動物性，讓我們從彬彬有禮變得咄咄逼人。

自大心態：不願意去瞭解對方

加拿大暢銷作家麥爾坎．葛拉威爾在《解密陌生人》一書中寫道：「我們需要接受一個事實，即瞭解陌生人是有限度的。我們永遠不會知道所有真相，我們必須滿足於部分真相。謹慎、謙遜地與陌生人交談，才是正確的方式。」

「謹慎」和「謙遜」說起來容易，做起來難。人類是一種容易被主觀認知占領頭腦高地的生物，不瞭解某種事物的時候，我們會當它不存在；瞭解一些皮毛後，我們又變得以偏概全。這就像麥爾坎在書中提到的重要誤區：當我們和另一個人面對面時，經常過於相信自己的主觀判斷。

沒學過電路知識的人不會貿然去做電工，沒讀過醫學專業的人不會為人動手術，如同俗語所說「沒那個屁股，就別吃那個瀉藥」。可是，當你環顧匆匆而過的路人，是否曾想過，是什麼讓我們盲目相信自己可以憑主觀判斷找到與他們的相處之道？

陌生人之於我們首先是人，其次是路人，最後才是某一類人。但自大心態讓我們一再忽略這一點，認為不瞭解他們也無所謂。憑自己的經驗，把他們當作某一類特定人群來處理就好。這導致我們一直用有限的人生經驗去評斷素未謀面的人，用對待某一類人的方式「輕蔑」地對待他人，僅因為對方是一個路人。

我們不打算充分理解路人，而是輕蔑地把他們當成某一類生物，甚至忘了最基本的事實：對方和我們一樣，是一個活生生的人。換句話說，就連路人也遠比我們想的複雜。他也是擁有諸多面向的「人」。

捷運站裡那些撞了人之後連「對不起」都來不及說的人，他們的存在就是為了撞人嗎？我們瞭解他們腳步匆匆的原因嗎？我們憑什麼認為他們就是沒禮貌的人？

餐廳裡態度不佳的服務生，他們的存在只是為了惹怒我們嗎？我們瞭解他們遭遇了什麼令人憤懣的事情嗎？我們憑什麼認為自己應該跟他們發生衝突，並且能夠全身而退呢？

反思我們的自大，並不是為了替侵犯我們的路人找藉口，只是要提醒自己：千萬不要因「不瞭解」而把一切視為理所當然。不能因為不瞭解對方，就認為他的故事不重要。反之，我們應該對自己不瞭解的人心生敬畏、好奇，多幾分同情、理解和寬容。

認知以上事實後，你會發現，陌生人之間的關係絕非表面看起來那麼平淡如水。缺乏信任的人之間必定暗潮洶湧，就像叢林裡的動物，感觀會無意間被放大，偏偏這時，我們又把路人當成了不需要去瞭解的無關人士。這種心態很可能會把衝突升級到無法控制的地步。因此，對於不熟識的人，我們應該抱持這樣的心態：雖然不瞭解，但願意嘗試去瞭解；雖然不夠信任，但可以避免不信任感放大「動物性」。

瞭解心理扳機點

當我拋開自大心態，真正去瞭解陌生人時，我發現每個人都有不同的世界觀和價值觀。平常沒接觸到的人，在很多方面都跟我們有著天壤之別。你也許會說：「我哪有時間和精力去瞭解陌生人？況且他們跟我如此不同，我怎麼可能瞭解他們呢？」

其實，這裡所說的「瞭解」，並不是指對朋友或伴侶那種全方位的認識，而是要明白所有人都很複雜，我們的經驗不足以做出正確判斷。我們應該時刻意識到：每個人都有心理扳機點，它會影響衝突的走向。

人人都有心理扳機點

扳機是讓子彈射出槍膛的零件，而扣動扳機則是最後、最關鍵的射擊動作。心理學借用「扳機」一詞來表達會觸及某些創傷的事情和情緒，進而帶來強烈的心理反應。這些創傷就被稱作「心理扳機點」。

陌生關係中的衝突像極了扣動扳機的瞬間。從無到有、從苗頭到爆發，往往只需要短短幾秒鐘。心理扳機點的概念充分體現了陌生關係衝突的不可控性。

人類特別喜歡找規律。很多人都喜歡玩「對對碰」和「連連看」這樣的遊戲，可見，尋找相同的事物，把它們放在一起的過程，會帶給我們莫名的治癒感。我們的心理世界也是如此。我們會不自覺把具有相似心理感受的事件放在一起，就像在玩「連連看」。越來越多事件帶著同樣的心理感受集結在一起時，就會變成強大的「部落」。每當再有相似事件出現，這個強大的「部落」就會釋放出長久以來蓄積的心理感受和能量，形成心理扳機點。

每個人都有各自的心理扳機點，和別人相比，會對某些事物更為敏感，產生很大的情緒波動且難以平復。它有一個我們更熟悉的名字——情結。大多數情結會塑造我們的偏好或有別於其他人的特點，不會對我們造成太大的危害。比如，「長髮情結」或「身高情結」。

另外一些情結，則會讓我們陷入難以自控的情緒波動。例如，「沉默情結」，如果吵架時對方保持沉默，我們就會難以控制怒火；「不公正情結」，遇到差別待遇時，我們的反應會特別激烈；「被期待情結」，特別害怕被賦予高度期待；「面子情結」，把面子看得高於一切。一旦觸動心理扳機點，情緒子彈就會瞬間射出，完全無法控制。

捫心自問，我們尚且看不清自己的心理扳機點，又怎麼可能在短短幾分鐘內看清陌生人的心理扳機點呢？

心理扳機點不會憑空消失

心理扳機點之所以在陌生關係衝突中十分重要，是因為它客觀存在於每個人身上，卻無法被預判。

某所大學曾發生一件憾事。學生發現自己點的外送經常被偷，其中幾人不堪其擾，就在取貨點蹲守，試圖抓住小偷。他們當天就逮到了那個外送賊，還錄下影片作為證據。他們希望那名同學站出來認錯，甚至去宿舍找他對峙。事情的發展讓人始料未及；那名同學離開宿舍後，從高樓上一躍而下，結束了年輕的生命。

那些想要捍衛自己利益的同學，肯定也沒有想到他會想不開而跳樓。

面對死者，我很惋惜；面對試圖捍衛正當利益的學生，我也能理解他們的行為。我無意在這裡評判是非，只是想透過這件事情提醒大家：千萬別小看心理扳機點，它有時候關乎性命。

很多時候，心理扳機點一旦被觸發，後果便難以承擔。

上文提到的服務生和選擇結束生命的大學生，他們的心理扳機點不為人知，甚至自己也沒有察覺。不管心理扳機點觸發的行為是否符合公序良俗、道德和法律，它都是客觀存在的。**一個人在過去經歷的一切，成就了他如今的樣貌。作為旁人，我們除了尊重，別無他法。**

所以，在面對陌生人時，我們應該牢記：每個人都有心理扳機點，它是客觀存在的，不以任何人的意志為轉移。我們能做到的，只有尊重。

掌控自己的心理扳機點

當陌生人之間發生摩擦，雙方都無法向對方明示自己的心理扳機點已經處於被觸發的邊緣，所以極有可能進一步做出衝動行為。因此，尊重他人的心理扳機點，掌控自己的心理扳機點，才是我們對待它的正確方式。

如果你還沒有意識到自己的心理扳機點是什麼，可以留意以下情況。

- 你產生極大的情緒波動時，往往是因為什麼？
- 這些原因的共通點為何？
- 你有沒有像是「我最討厭別人……」的口頭禪？
- 是什麼讓你有攻擊別人的衝動？是言語衝突還是肢體接觸？
- 你曾在碰到某件事情時，聯想到不好的經歷嗎？
- 有什麼事情讓你拒絕改變或想逃避，甚至一想到它就全身抗拒？
- 有什麼事情讓你忍不住馬上評判對錯？

多想想這些問題，留意自己被觸動情緒的原因。過去經歷的累積會產生一些情結，形成你的心理扳機點。覺察心理扳機點，會讓我們更加瞭解衝突的緣由。

理解了「現在的情緒是所有過往的累加」後，我們就能超脫於眼前的事件，用更平和的心態來面對衝突。也就是站在旁觀者的視角審視各方，而不是以當事人的立場試圖擺平事件。一定要清楚地意識到：導致衝突的絕不是「一件簡單的事」，而是「兩個複雜的人」。

由於不信任和不瞭解，人們的心理扳機點很容易在陌生關係中被觸發，進而擦槍走火。正因為如此，我們更需要防患於未然，意識到對方有心理扳機點的同時，釐清自己的心理扳機點是什麼。當我們足夠尊重和瞭解對方，就能最大限度地避開對方的心理扳機點，進而避免我們承擔不起的後果。

拒絕「蘋果和柳丁」式爭吵

想必大家都有和網友吵架的經歷。自網路普及以來，很多人就把旺盛的精力發洩在跟素未謀面的人爭執。即便像我這樣的「衝突孬人」，也曾在群組裡跟別人吵架，吵完後氣不過想要退群，或者氣得對方退群。

這裡說的吵架，不包括那些炒作的網路事件和法律嚴令禁止的網路暴力，只是普通網友間的爭論、鬥嘴。這是一種很特殊的陌生關係衝突。不同於線下的陌生關係，線上的陌生關係更隨意、更缺乏信任，社交成本更低，承擔的責任更少，也更難產生或表達同理心，其所帶來的社交滿足感很容易流失。

這種衝突對改善人際關係的意義不大，對維護自我認知和自我價值卻意義重大。這也是為什麼很多人氣不過就要退群，實際上就是在維護自我認知與自我價值。

人們在線上和陌生人吵架，多半是因為無法接受彼此的看法或態度，一定要爭個高下，而非現實利益有所衝突。這其實就是前面說的「維護內心世界的秩序」。

但諷刺的是，即便吵贏了，我們的自我認知合理性與自我價值滿足感也不會因此提升。即便有，也只是片刻的虛假感受。在網路上吵架這件事，沒有任何一方是贏家。

蘋果和柳丁吵，本就是一個笑話

英文裡有一個很有趣的說法：「a comparison of apples and oranges」（直譯為「蘋果和柳丁做比較」），意指把兩個完全不同的東西放在一起，無法進行比較。

既然把蘋果和柳丁比在一起毫無意義，那蘋果和柳丁吵起架來，豈不更滑稽？素不相識的陌生人，因為對某件事的觀點不一而在網路上吵起來，跟蘋果和柳丁為「誰長得更合理」而爭執是同樣的道理。

「蘋果和柳丁」式的吵架，一般有以下幾個特點：

■ 雙方都以為自己在捍衛真理，殊不知那只是自以為的真理。
■ 雙方以為他們在討論同一件事，其實是站在不同角度自說自話。
■ 不管其中一方說了什麼，另一方總能找到新的角度反駁。

無論在網路上還是現實世界中，我們都要避免捲入「蘋果和柳丁」式的爭吵。

網路上的交談，往往被過濾掉很多東西，要嘛是基於錯誤的事實，要嘛經過主觀加工。我常在網路上遇到一些傾訴不幸的人，每當我打算安慰對方的時候，卻發現他的處境沒有他說的那麼糟糕。因為他只提供生活裡的片段，使得我無法對整體有全面性瞭解。

即便能得到更全面的資訊，我和對方也根本不在同一個維度上。大多數時候，在網路上吵架的雙方根本沒想解決問題，甚至根本沒什麼問題要解決，只是彼此「看不順眼」。因「看不順眼」而生的爭吵，只會引發更多「看不順眼」。

讓辯駁適得其反的「逆火效應」

所謂「逆火效應」，就是當你試圖糾正別人的錯誤時，如果資訊和他原本的看法相悖，那麼你非但不可能改變對方，反而會加深他對原有看法的執著。「逆火效應」源自於二〇〇六年美國密西根大學的布倫丹・尼漢和喬治亞州立大學的傑森・瑞福勒所進行的實驗。實驗中，他們給堅信某一政治立場的受試者看了一些證據；這些證據都是真實的資料，足以證明受試者的立場是錯誤的。這些受試者非但沒有改變自己的觀點，原來的立場反而更加堅定了。

「逆火效應」可以解釋，為什麼人們在網路上試圖向大眾證明自己的觀點時會越描越黑；越是努力證明自己，別人越是不信。最有名的案例，歐巴馬在競選美國總統期間，出生地和美國公民身份遭到質疑。他把出生證明公之於眾後，那些原本不相信他的人更加不相信他了。他們找出各種證據來說明歐巴馬的出生證明是假的，甚至在他就任美國總統後，依舊有很多質疑的聲浪。

磁共振成像研究表明，我們的觀點和看法受人質疑時，負責推理和邏輯的大腦區域會暫時處於半癱瘓狀態，負責攻擊和戰鬥的大腦區域則會迅速活躍起來。這時候，我們並不在乎真相，因為「推理和邏輯腦」已經下線。在「攻擊和戰鬥腦」的主導下，我們只在乎能否贏得戰爭。

所以，當我們因觀點衝突在網路上與人吵架時，不辯駁還好，越辯只會越發激起對方的戰鬥欲。

一不小心就成為彼此的鏡像

二〇二一年五月，加拿大溫哥華的法院大樓內，一名五十多歲的女子持刀衝進等待開庭的房間，對另一名女子連捅數刀，場面十分驚悚。年過半百的女性在法院做出如此瘋狂的舉動，到底是有什麼深仇大恨呢？據瞭解，兩個人在現實生活中並不認識，只是十五年前在移民論壇上彼此看不順眼，進而開啟了一場曠日持久的網路口水戰。這十五年間，兩人從線上對罵，升級到互相詆毀，最終鬧上法庭。法院的最終判決，是兩個人都有過錯，都要給予對方賠償，但這名五十多歲的女人須賠償比對方多五百加幣。此判決沒能讓她們警醒，反而成了衝突升級的導火線。

她們怎麼也沒想到，十五年來一直痛恨的人，恰恰是自己的鏡像，也絲毫沒有意識到，她們活成了自己最討厭的樣子。

這個案例對我們來說是一個重要的提醒：不論我們是粗俗不堪、風度全失，還是罵人不帶髒字；不論我們是被眾人力挺，還是被眾人圍攻，在網路上跟陌生人吵架這件事，很容易把我們變成對方的模樣。

我們用來抨擊對方的話，往往也可以用來形容自己；我們指責對方自以為是，無法接受多樣化觀點，我們又何嘗不是？我們自以為贏得漂亮，卻不知其實輸得可笑。

如何成為線上吵架的贏家

網路流行語「認真你就輸了」常用來勸人把心態放平和，沒必要跟陌生人為了毫無意義的事爭長論短。但我覺得這句話應該改成：「一想到輸贏，你就已經輸了。」在網路世界裡，就算吵贏了，又能得到什麼呢？根本沒什麼實際利益。所以，與其做網路口水戰的贏家，不如一開始就遠離戰火。

對此，我想提供幾個建議。

一、不要做跟蘋果論長短的柳丁。要就當果農，以欣賞的眼光看待所有水果，期盼它們都有自己的成長空間。

二、不要急著證明自己或反駁別人。試著傾聽對方的解釋，你會發現，自己的邏輯也未必正確。

三、要經常「照鏡子」。常常審視自己，千萬別活成討厭的樣子。

如果能做到這三點，我們就可以逃離無意義的爭論，做一個超脫的旁觀者。要把時間花在那些對現實人際關係有益的衝突，做更有意義的事情，而不是在虛擬世界裡爭個不停，以獲得虛幻的滿足感。

關閉「戰鬥腦」，打開「邏輯腦」

前文說到，人在面對外界質疑時，會自動將「邏輯腦」切換為「戰鬥腦」。

陌生關係衝突最容易受這一個生理現象影響，從而迅速升級。我們和陌生人沒有情感連結，不像面對其他關係時可以參考既有的交往經驗。這也是「路怒族」這麼多的主要原因。

「路怒族」平時可能和善有禮，一開車就脾氣暴躁。生活中還有很多「看你不爽族」，對誰都有敵意，別人看他一眼都會引發戰爭。還有一些「鍵盤族」，在現實生活中溫文爾雅，到了網路上就戰鬥欲爆表。他們的共同特點是用「戰鬥腦」來處理問題。在「戰鬥腦」全開的情況下，人們只在乎贏得戰鬥，掙得面子。但是，面子是給別人看的，裡子才是自己用的。

強者喜歡示弱，弱者喜歡逞強

一個人越是缺少什麼，就越想證明什麼。

在從事人資工作的十年裡，我發現一個很有意思的現象：在簡歷上越是強調自己溝通能力強的應聘者，在實際面試中展現的溝通能力反而越弱；越是強調自己抗壓能力強的應聘者，在面對壓力時的表現越不盡人意。這一部分是由於面試者「期待越高，落差越大」，但還有一個重要原因，亦即應聘者為了掩飾自己的弱項而適得其反、欲蓋彌彰。

這種「此地無銀三百兩」的做法，每個人都無法免俗，因為我們越是缺少什麼，就越在意什麼。

真正的強者習慣低調、示弱，看似張揚、炫耀的人多半外強中乾，說的就是這個道理。

真正擁有的人從來不需要證明，需要證明的人從未真正擁有。

示弱不是軟弱，而是一種智慧

如果只靠直覺和生理反應來應對生活中的問題，人類可能至今仍停留在石器時代。

逞強是本能，示弱才是本事。嬰兒是不介意示弱的。但當我們長大成人、具備自我意識後，就開始努力維護尊嚴和面子，只有少數人記得示弱的智慧。

多數人認為示弱是一件既沒面子又有失尊嚴的事情，所以害怕展示自己的弱點。他們在意的不是實力，而是自己在他人眼中的形象。但真正的示弱並不關乎「面子」，而是給「裡子」一個喘息和休養的機會。真正在乎「裡子」的人，是有智慧並懂得照顧自己的人。停下來看看自己的「裡子」，比一味追逐「面子」強得多。

示弱和軟弱有本質上的不同：

■ 示弱者不在意別人眼中的自己是什麼樣子，軟弱者仰人鼻息而行事。

- 示弱者有成熟的想法，軟弱者毫無主見。
- 示弱者不會覺得自己很差勁，軟弱者沒有一刻不在懊惱自己的無能。
- 示弱者只是謙卑地放低身段，軟弱者則是卑微地俯首稱臣。
- 示弱者不畏懼承擔責任，軟弱者從不敢承擔責任。
- 示弱者對別人沒有要求，軟弱者時刻都在要求別人。
- 示弱帶來的好處需要時間來證明，軟弱帶來的好處是即時滿足。

學會示弱，並不是一件簡單的事。在長期關係中，我們尚有示弱的動力，因為時間會證明一切，在陌生關係中就不是如此了。在短暫的照面中，快速贏得面子似乎更重要。但說到底，展示外在的強大只能獲得短暫的優越感，而自己是否真正強大，才是最重要的。

不反應，只行動

在陌生關係衝突裡，怎樣才能具備示弱的智慧呢？

六個字：不反應，只行動。「反應」是指我們根據對方行為做出回應，「行動」是指我們根據自己的判斷做出行為。前者關乎「面子」，開啟的是「戰鬥腦」；後者關乎「裡子」，開啟的是「邏輯腦」。

假設我在路上開車，後面的司機不停對我按喇叭，我因為受到嚴重挑釁而朝對方伸出中指，這叫反應；如果我根據自己對路況的判斷，認為此時確實應該慢速行駛，故而忽略他的挑釁，這叫行動。

兩者有本質上的不同。唯有不反應、只行動的人，才能做情緒的主人，否則將永遠活在外界的牽絆裡。

行動是以「我想……」為出發點，關乎自己如何做出決定；反應是以「他憑什麼想……」為出發點，關乎別人如何看待自己的決定。當我們用行動代替反應的時候，自然就知道何時需要示弱、何時應該示強。真正的強者，骨子裡都是行動者，而非反應者。陌生關係賦予我們的行動權比任何人際關係都要大。

在某些關係中，我們會有很多顧慮。比如，如果我們在職場關係中不反應、只行動，就可能丟掉工作；如果我們在親子關係中不反應、只行動，就會變成專制的父母，失去孩子的信任；如果我們在情侶關係中不反應、只行動，我們和伴侶就會變成陌路人，喪失對彼此的信賴。在這些人際關係中，想要擁有完全的行動權是很難的。唯獨在陌生關係中，我們牽絆最少、顧慮最少，擁有最大的行動權。如果此時還不充分行使，豈不是有些可惜？

面對陌生關係衝突時，我們應該拋開「面子」，基於理性做出判斷，該示弱就示弱，該示強就示強。即使在其他關係中，我們也應該把示弱看成一種更高級的智慧。人生是自己的修行，無須證明給其他人看。

當你想靠戰鬥來證明自己有多厲害時，請停下來問問自己：

■ 我是在反應還是在行動？

如果是在反應，請清楚認知，此時的你不是真正的自己。

■ 我是為了「面子」嗎？

如果是，請告訴自己，面子只是給別人看的。

■ 我的「裡子」還好嗎？

如果不好，請冷靜下來，回過頭好好照顧自己。

■我想證明的東西真的存在嗎？

如果不存在，所有為證明而起的爭論都是徒勞。

■不證明又怎樣？

不會怎麼樣。

總之，我們應該要花時間修煉不完美的自己，而不是浪費時間期待完美的他人。

以直報怨 VS 以怨報怨

在陌生關係中，如果衝突的激烈程度超出合理範圍，對方做出了傷害我們的事情，該怎麼辦？關於這個問題，古代哲學家老子和孔子各有不同看法。老子說：「以德報怨。」孔子說：「以直報怨，以德報德。」

「以德報怨」出自老子《道德經》第六十三章，意思是用善心和恩慈來應對仇恨和傷害。別人傷害了我，我非但不記仇，還要報以最大的善意。

「以直報怨，以德報德」出自《論語・憲問》，原文是：「或曰：『以德報怨，如何？』子曰：『何以報德？以直報怨，以德報德。』」意思是：如果用善行回報惡行，那麼要用什麼回報善行呢？應該用公正無私的正直之道回報惡行，用善行回報善行。

老子嚮往修行，是出世的態度；孔子講求規矩，提倡賞罰分明的規則，是治世的方法。但是，他們都不贊成「以怨報怨」，反對用仇恨和傷害來回報仇恨和傷害。

「以直報怨」是最簡單有效的方法

與「以德報怨」和「以怨報怨」相比，「以直報怨」是應對陌生關係衝突最簡單有效的方法。「以直報怨」中的「直」，指的是社會規範和法規。與其絞盡腦汁去應對陌生人的刁難，不如把有限的精力和時間，留給更值得我們重視的人際關係。

「直」意味著規則和分寸。比起「以直報怨」，「以德報怨」失了分寸，「以怨報怨」則忽略了規則。成年人的交往，總得要有規則和分寸。

如果陌生人傷害了我們，我們也報以傷害，就會冤冤相報，沒完沒了；相反，如果我們對惡意報以善意和寬容，就會變成縱容。面對別人的惡意，我們應該先表明自己的原則，與對方保持距離，如果有必要，就將他交給法律公正處理。

如果在餐廳裡遇見態度不佳的服務員，是該把過程拍下來傳到網路上公審，或是忍氣吞聲？還是在表達不滿後，換一家餐廳或服務員？

如果在網路上遇見詆毀、辱罵自己的人，是該與其爭吵而後血刃相見，還是隱忍不發？或者保持適度距離，以免受其影響？

抓到偷東西的人之後，是該進行道德審判，將其置於「社會性死亡」的境地而後快，還是縱容他繼續偷盜，或者交給警察處理？

上述所有不幸事件中，如果當事人能夠「以直報怨」，至少可以更好地保護自己。

「以直報怨」意難平，「以怨報怨」怨難平

「以直報怨」不是讓你直接反擊，而是要學會利用規則，有理有利有節地維護自身權益。但是，有些人認為，遇到衝突不罵回去、打回去就是忍氣吞聲，不如「不服就幹」來得痛快。

「以直報怨」看起來有點「孬」；自己的利益受到侵害，卻不出頭、不反擊，如何能追回損失？交給法律處理，往往要等個三、五年才有結果，實在意難平。在這種情況下，確實沒有更好的選擇。「以直報怨」意難平，「以怨報怨」怨難平。在「意難平」和「怨難平」之間，還是前者更好處

理，畢竟它是我們可以控制的。

「意難平」的主要原因，是「戰鬥腦」占了上風的結果。我有幾個小訣竅，可以儘快緩和「意難平」。

一、與其直面衝突，不如轉移重點。

諮詢時，很多人問我一個問題：在面試中遇到刁鑽問題時該如何回答。我告訴他們，其中一種辦法就是，把面試官的問題轉化成對我們更有意義的話題。面對陌生人的刁難，也是同理。與其跟對方相互消耗，不如把焦點轉移到他真正在意、且對我們有利的方向。這是一種高級的防禦機制。

如果對方刁難你，指責你侵犯了他的利益，你可以轉而詢問他的期待是什麼；如果對方找你理論，你可以說出另外一種他關心的事實，詢問他對此有什麼看法。對方的指責就像導彈，與其迎著導彈向前衝，不如給它一個外力，讓它偏離航道、沉入海底。

二、用幽默消解「戰鬥欲」。

幽默可以緩解緊張和壓力，讓自己放鬆下來。當我們不再緊繃，這種狀態自然會感染他人，從而消解怨恨。最重要的是，幽默可以有效緩解「意難平」。

三、想想這個問題：「若想問心無愧，該怎麼做？」

當我們「意難平」時，可以用「問心無愧」四個字來緩解負面能量。「以怨報怨」不可能讓我們「問心無愧」，還會讓負能量成指數級增長，而且一旦陷入冤冤相報的惡性循環，就很難有超脫的勇氣。

這個問題看似簡單，卻讓我們有機會跟自己對話，為我們指引方向。

「以直報怨」是一種真正的強悍。這種強悍，不是在氣勢上一爭高下，而是問心無愧，不為外物所擾。

「直」並不容易。我們需要瞭解自己、理解對方，接受社會規範的約束。時刻不能放鬆對自我的掌控，要主宰情緒，不能被牽著鼻子走。

第5章

真正的職場狠角色，從不濫用鋒芒

處理職場矛盾的兩大基本能力

假設我們在大學畢業後步入職場，並一直工作到退休（工作年限粗略按三十五年計），每週工作五天、每天工作八小時。在不考慮節假日和加班的情況下，工作時間是：三十五年×五十二週×五天×八小時＝七萬兩千八百小時（約三千零三十三天）。如果平均壽命以七十歲計算，普通人一生中有一半以上的時間都在工作。你能想像自己三千多天的時間裡，不眠不休地在職場拚搏嗎？

比起其他衝突，職場關係衝突有幾個明顯特質：一，系統性更強，使得衝突更不可控；二，層級更明顯，使得衝突有更多限制條件；三，職業發展具有階段性，我們沒有太多時間摸索，所以在職場關係中，必須從自身能力著手。我認為，以下兩大必備職場能力，是構建良性衝突的第一步。

能力一：把「零和心態」轉化成「增量思維」

抱有「零和心態」的人把升職加薪、出人頭地、上級賞識、預算分配、政策傾斜、客戶訂單、團隊支援等，都看作爭奪存量資源的「零和博弈」。一塊蛋糕，分給別人的多了，留給自己的就少了。不得不承認，這在某些職場環境中是不爭的事實。

但是，請回想一下前面提到的「認知三角形」。比起事實本身，我們對事實的想法和心態才是左右行動的關鍵因素。抱持「零和心態」的人也許會贏得某一場競爭，卻會輸掉長期的職涯發展。

基於「零和心態」，我們一旦與人發生衝突，最大目標就是打敗對方，贏得更多資源。但推動關係良性發展顯然比贏得某場競爭更重要，所以，我們應該著眼於追求業績增量，而非一味消耗存量。

客戶小C就曾受「零和心態」之擾。她投入職場已有五年，主管一開始很器重她，會把重要的工作任務和表現機會交給她，小C也因此變得越來越出色。但自從她得到董事長的讚賞後，主管的態度開始轉變，不再把機會交給她。許多重要的專案，主管都會親自跟進，幾乎剝奪了她的存在。

她問我：「當主管開始覺得我形成一種威脅了，是不是就到了該離開的時候？」她還說：「很多朋友都說，這不是我的錯，錯的是我主管。」這讓她心態愈發失衡，覺得自己受到不公平的對待。我給她的建議是：與其用「零和心態」看待問題，不如想想自己還能創造什麼額外價值。

她從沒想過「零和心態」和「增量思維」的區別，於是我解釋：如果主管覺得妳是一個威脅，就說明她自己的職涯發展遇到了瓶頸。當她的業績無法取得突破時，自然不希望身邊出現一個潛在競爭者。

「零和心態」就是用跟主管一樣的思維來看問題，在有限的業績空間內求生存；「增量思維」則是以更超脫的心態來看問題，思考自己還可以創造什麼價值。

三個月後，小C在另一塊業務上找到了增量機會。她開心地告訴我，新業務需要用到主管不熟悉的資料建模分析。雖然她自己也不是很熟練，但她主動提出要向其他部門學習，並且與現有業務結合。這也為主管的工作彙報增添了亮點。上司意識到小C的價值後，對她的態度友善了許多。

業績增量消除了主管對職涯競爭的恐懼，也給小C更多發展機會。她們之間的關係已經從零和變成共贏。

在職場上，當我們陷入「一塊蛋糕不夠分」的窘境時，千萬別把力氣浪費在搶蛋糕上，而是要努力具備做大蛋糕的能力。職場衝突不是你死我活的飢餓遊戲，而是創造價值的新契機。

能力二：學會抓重點

職場生涯長達幾十年，每個階段都是一趟有去無回的快速列車，一旦錯過某個階段，想再上車就很難。這就是職業發展階段的時效性。因此，職場衝突是有保存期限的，往往需要我們在短時間內做出盡可能正確的決定。儘管誰都不能保證自己的決定百分之百正確，但只要懂得「抓重點」，就能掌握處理職場衝突的最佳時機。

前文提到的工具——「衝突畫布」與「系統思維視覺化」——可以從不同角度幫助我們縱覽全域。「衝突畫布」關注的是衝突中的關鍵變量，「系統思維」關注的是變量之間的關係。接下來，我們要從中判斷什麼是可以發力的重點。

說起來容易、做起來難，正是因為不懂得區分事情的重要性，我們才會在面對職場衝突時不分輕重緩急，最後無法有效處理衝突，讓對方失去耐心，進一步激化矛盾。這時候，我們可以用三個問題來幫助自己。

- 我為什麼而工作？
- 我應該怎麼做？
- 我做的是什麼工作？

這三個問題來自西蒙．斯涅克的「黃金圈法則」（見圖5.1）。他認為，多數人都只停留在知道自己「做的是什麼工作」的階段，少部分知道「應該怎麼做」的人可以取得領先地位，只有懂得「為什麼而工作」的人才能成功。大部分人把重點搞錯了，只是被「做什麼」牽著鼻子走，而沒有思考「為什麼」。

舉個例子。客戶小G在一家跨國集團的中國分公司負責媒體公關工作。有一次，她遇到一個無法解決的矛盾。中國媒體很重視發稿效率，要求一篇稿子從發給小G到審核發稿，最好不超過一天。但美國總部審核稿件時，由於時差、翻譯等原因，至少都要三天。時間上的矛盾，讓她每每碰到這類事件，都不知道該怎麼辦。她甚至想過硬著頭皮先發稿，真的出了事情，再想想如何彌補。「反正出事的概率很小！」她每次都這樣想，但每次都惶惶不安。

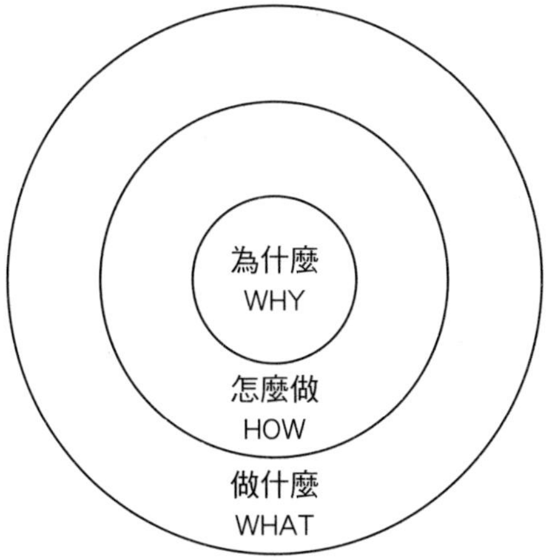

▲圖 5.1 黃金圈法則

這一個矛盾的重點是什麼？和媒體溝通，和總部溝通，還是乾脆自己扛？誰應該做出改變？

這時候，我們可以試著問自己上述三個問題，就會找到重點所在。

我問：「妳為什麼工作？」

小G不假思索地說：「希望公司有更優質的品牌形象。」

我說：「這是妳的工作職責，並不代表妳本人的想法。妳為什麼而工作？」

她想了半天，緩緩說道：「我可能是想在有限的生命裡發揮更大的影響力。」

我繼續問：「妳應該怎麼做，才能讓自己發揮更大的影響力？」

她說：「我需要更主動地去和各方溝通，讓他們調整原有的工作流程和預期。」

最後我問她：「那妳會為此做什麼呢？」

她說：「我會先規劃一個適合雙方工作習慣的流程，促使雙方達成新的共識。如果不可行，我會邀請更多利益相關方，如中國分公司的負責人，來一同協調這件事。」

小G為什麼一開始沒想到這個方案？因為她沒有抓住重點。真正的重點並不是她的工作職責有何要求，而是她為什麼在這家公司的這個崗位，做著這樣一份工作。

在職場衝突中，我們之所以什麼都想做、但什麼都做不好，往往是因為沒抓到重點。此時，不妨問問自己那三個問題，向良性衝突邁進一步。

工作是人生中很重要的部分，也是衝突頻繁發生的地方，更是最能產生良性衝突效益之處。職場衝突不可避免，也無須迴避。它是我們最有效的成長方式。

一張圖理清所有職場衝突

職場衝突有很多種類型，產生的原因不盡相同，應對方式也不一而足。為了更迅速抓住重點，我們可以對常見的職場衝突進行分類。

職場衝突的四種類型

根據職場衝突產生的原因，可以將其分成以下四種類型。

合作型衝突

這是最常見的職場衝突，主要發生在需要合作的時候。比如，合約是否如期簽訂，需要法務、財務、行政等相關方配合；資料分析能否順利完成，需要銷售人員和財務人員先輸入資料；新員工是否能按時到職，需要人力部門推進。

合作型衝突的發生，通常是因為一方無法按照另一方的期望，按時完成有效輸入或輸出，從而影響到工作進展。這時候，衝突尚未擴大為人與人的矛盾。面對此類衝突，我們可以努力確保合作順利進行，提升自己的委派能力，習得推進困難對話與明確告知後果的技巧。

工作方式衝突

工作方式差異也是引發衝突的重要原因。不同行為偏好使得人們完成工作的方式不盡相同，很可能造成誤會，讓對方感到不適應或不舒服。比如，一個雷厲風行的人和謹小慎微的人，很可能互相看不慣。工作方式差異不可怕，可怕的是，人們會誤認為對方對自己有意見，甚至把對方視為無法合作的討厭鬼。

充分瞭解不同的工作方式，可以有效應對此類衝突；識別對方的工作方式並熟知其特點，就能減少此類衝突。

領導風格衝突

最讓職場人崩潰的可能就是領導風格衝突。很多人跳槽或辭職的主要原因，是無法接受上司的領導風格。好的領導風格，可以讓職場氛圍變得輕鬆、愉悅，反之則會很壓抑。我聽到最多的職場困擾就是對主管的抱怨，像是不敢承擔責任、喜歡「微管理」、工作安排不合理等。

作為下屬，我們無權選擇管理者，但可以轉變自己的心態，即從被管理到主動適應，從主動適應到積極學習。

首先要轉變觀念，其次要根據具體情況進行差異化應對，最後要化衝突為成長機會。

此外，若有機會升任主管，我們要對自己的領導力有更高維度的觀察，在職場衝突中成為積極解決問題的一方。

偏見衝突

在任何情境中，偏見都是衝突產生的主要原因。它的特點是，我們會為自己編織合理的故事，卻給別人套上帶有偏見的故事，然後對其加以批判。

同一件事發生在自己身上和別人身上時，我們會做出不同的解讀。當同事送給上司一張生日賀卡，我們會認為他在拍馬屁；當我們送給老闆一張生日賀卡，卻認為自己是在表達誠摯的祝願。如果同事遲到第二次，我們會認為他不守時、靠不住；當我們遲到第二次，卻認為是情有可原——最近工作量太大了，我們缺乏休息才會遲到。

在處理偏見衝突時，我們要不斷接近客觀事實，破除並調整大腦中那個帶有偏見的故事，除非它有足夠的證據支撐。

一張圖，養成衝突分類處理的習慣

我們常在職場中遇到以下幾種情境，你是能否分辨出它們屬於哪種類型的衝突呢？

（情境一）

小F在專案中負責撰寫專案說明書，其中很多條款對他來說非常有挑戰性。他對此十分重視，加班好幾個晚上，終於完成初稿。他對成果頗為滿意。但是，在他把文件寄給團隊其他人後沒多久，小Y跑過來對他說：「第五條的專案預算有問題，公式錯了。」小F頓覺一股怒火湧上心頭，心想：「他才看了短短幾分鐘，憑什麼對我的工作成果指手畫腳。真是受不了他，沒辦法跟他合作。」於是，兩人之間埋下了矛盾的種子。

（情境二）

小S近期接到一項任務，負責籌備即將召開的供應商大會。這項任務需要協調供應商管理部、行政部、法務部等多個相關方。除了自己的部門主管，她還要不時向這次大會的副總彙報工作進度。這時候，各部門的配合度和支持度出現了明顯差異。有的部門很配合，積極為她提供與會人員、會議議程等資訊；有的部門即使再三催促，也無法按時完成項目。眼看會期臨近，主管不斷施壓，她只好每天催促那些不積極配合的部門。她為此承受很大的壓力，感覺自己和同事的關係變得緊張了。

（情境三）

小W的主管最近派給她一項全新的任務，讓她非常苦惱。她無法按照主管的要求完成任務，自信心受到前所未有的打擊。她認為：主管不尊重她的個人意願，強行安排超出她能力範圍的工作，還打擊她的自尊心，在會議上點名指出她工作上的問題；主管不夠喜歡她，不重視她和她的工作。總之，她認為，和這樣的主管共事，辭職也毫不可惜。

（情境四）

小H剛剛完成內部轉調，工作內容有所變動，也換了一位新主管。他的預期是，主管會在轉調初期給予他一些培訓和幫助，讓他順利適應新崗位。但是，主管並沒有做這樣的安排，而是直接開始安排任務給他，這讓他有很大的心理壓力和不適感。他原來的主管事無巨細，甚至會跟每個部門成員定期梳理工作內容。小H無法適應現在的主管。想來想去，他認為應該跟新主管好好談一談，但又不想讓新主管認為自己工作能力不足，所以很糾結。

如果你對如何分類沒有頭緒，也不必太擔心。學會使用職場衝突類型漏斗圖（見圖5.2）後，你就會豁然開朗。

使用方法很簡單，你可以把某種情景放在漏斗最上方，如果它能在第一層處理好，則無須前往下一層；如果在第一層無法解決，就要前往下一層。越是靠近上層、越關乎「事情」的，更容易處理；越是靠近下層、越關乎「關係」的，也就更難處理。

如果把上述四種情景放入漏斗圖中，就會得到這樣的結果（見圖5.3）：

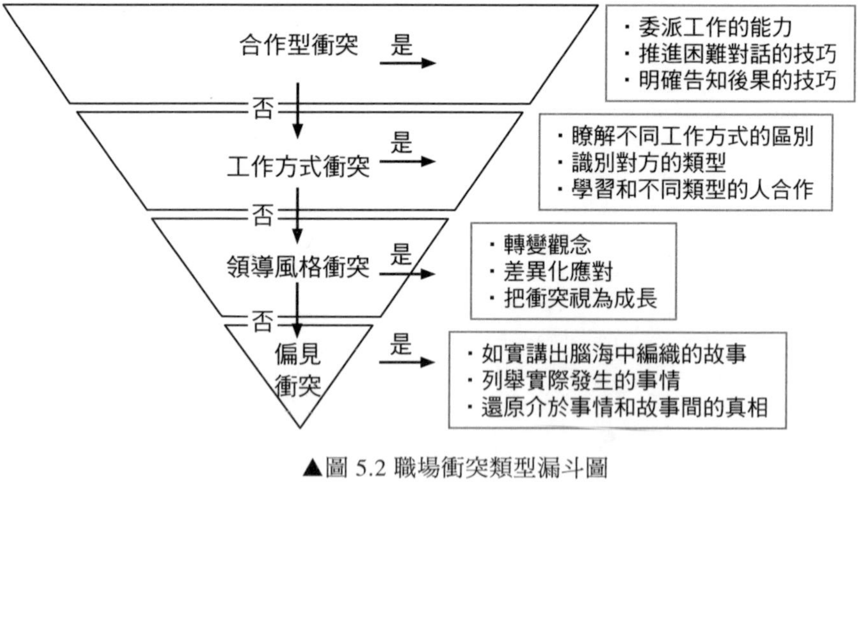

▲圖 5.2 職場衝突類型漏斗圖

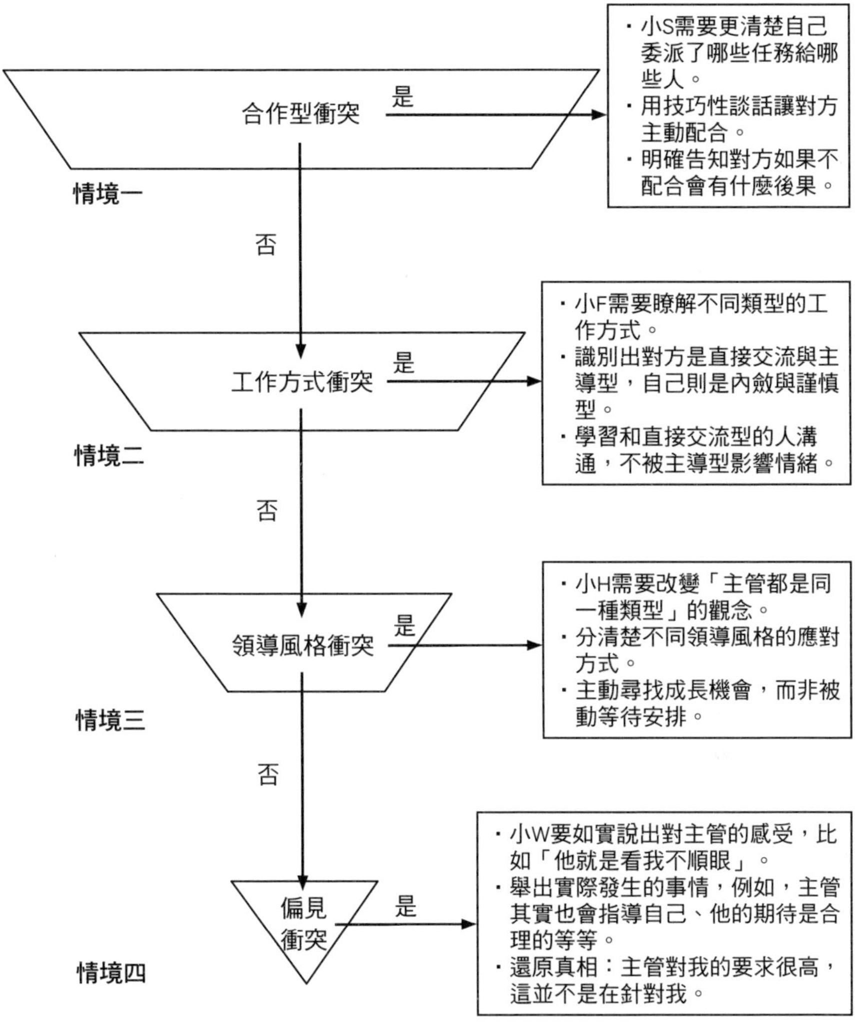
合作型衝突
是
・小S需要更清楚自己委派了哪些任務給哪些人。
・用技巧性談話讓對方主動配合。
・明確告知對方如果不配合會有什麼後果。
情境一
否
工作方式衝突
是
・小F需要瞭解不同類型的工作方式。
・識別出對方是直接交流與主導型，自己則是內斂與謹慎型。
・學習和直接交流型的人溝通，不被主導型影響情緒。
情境二
否
領導風格衝突
是
・小H需要改變「主管都是同一種類型」的觀念。
・分清楚不同領導風格的應對方式。
・主動尋找成長機會，而非被動等待安排。
情境三
否
偏見衝突
是
・小W要如實說出對主管的感受，比如「他就是看我不順眼」。
・舉出實際發生的事情，例如，主管其實也會指導自己、他的期待是合理的等等。
・還原真相：主管對我的要求很高，這並不是在針對我。
情境四

▲圖 5.3 職場衝突類型漏斗圖的應用

這樣一來，貌似複雜的職場衝突，就沒那麼難處理了。將衝突分類只是手段，而不是目的。分類的過程同時也是我們理解和思考的過程。

99%的職場衝突都可以避免

不得不承認，即使把職場衝突分析得再透澈，如果最後說出口的話不合適，結果也不會符合我們的預期。在職場中，我們時刻面臨著被提問、被要求、被質疑的情況，如何回應別人的問題，同時表明自己的立場和需求，對處理職場衝突至關重要。很多時候，一句話可以化解不必要的衝突，也可以讓所有努力統統白費。**很大程度上，是話術而非勤勉決定了我們最終能走多遠**。這看似不公平，卻又相當公平。

話術固然重要，但如果沒有用在合適的時機，就是無效的，甚至會起反作用，讓對方覺得我們不夠真誠。而找到適當時機的前提，就是聽懂對方的話，這需要一種更重要的能力——聆聽。

高級的聆聽

聆聽是一種看似簡單卻需要極高修為的能力。初級的聆聽，是聽懂對方的字面意思，是以自我為中心的資訊收集；中級的聆聽是聽懂對方的言外之意，是以溝通為主的資訊交換；高級的聆聽，是聽懂對方沒充分表達出來的意思，是以建立連結為目標的共創。

如何成為好的聆聽者？有人說需要同理心，要換位思考；也有人建議，每次聽完對方的發言後，要先總結他的意思，並給予正面評價，接著再闡述自己的觀點；還有人說，少說話，不要打斷對方，眼神要真誠。

不可否認，這些做法雖有幫助，但還不足以使我們成為高級的聆聽者。高級的聆聽在於主動共創的心態，為此，我們必須拋棄以下三種思維定式：

- 聆聽是為了更好地保護自己。
- 聆聽是為了加速決策，做出「是」或「否」的選擇。
- 聆聽是為了解決自己和對方之間的問題。

在聆聽時，要認真思考：

- 發言者看到了什麼？
- 發言者說了什麼？
- 發言者在想什麼？
- 發言者想跟我一起做什麼？
- 我該如何建立與發言者的連結？

如果我們在腦海裡不斷重複這些問題，對發言者抱有好奇心，自然會將「以自我為中心」或「以溝通為目的」的聆聽轉變為「以共創為方向」。對方會因此感覺到自己的心聲被聽見了，從而產生信任。這種信任會在職場衝突中起到正向的推進作用。

很多人都認為，一個人的聲音無法被聽見，是因為他沒有話語權，而有話語權的人總是有機會表達自己的意圖。這些人因此進入一個誤區，認為上級不需要被聽見，因為只有下屬缺乏話語權。其實，所有人都需要被聽見，也都需要去聆聽，無論是否具有話語權。

假設某天早上，離上班時間還有十分鐘，你正在座位上瀏覽新聞，還戴著耳機聽歌。這時，主管急匆匆進來，徑直走到你面前說：「你昨天發給我的PPT不行，很多地方要改，你趕緊拿著筆記型電腦過來！」

初級聆聽者的理解是：「現在就要開始工作了。」你的想法可能是：「一大早就要開始忙了？上班時間都還沒到呢。」你可能會採取以下行動：慢悠悠地摘下耳機，拿出筆記型電腦，走到主管座位旁，聽他講解要如何修改PPT。

中級聆聽者的理解是：「看來主管對我的工作成果不滿意。」你的想法可能是：「我該怎麼改進，才能讓他滿意呢？」你的行動可能是：趕緊摘下耳機，拿出筆記型電腦，過去問主管哪裡需要改進。

高級聆聽者的理解是：「主管很著急，而且要親自指導我修改PPT。看來這件事很重要，我必須協助他，讓他完成這項任務。」你的想法可能是：「如何盡最大可能做好我的部分，協助他完成目標？」你的行動可能是：趕緊摘下耳機，拿出筆記型電腦，走過去展現自己的積極性，例如：

「您這麼著急，是有什麼問題嗎？您看我需要怎麼改，我會儘快改好」。

上述三種理解都能讓你完成這項工作，但你和主管之間的信任感會大不相同。在第一種情境中，脾氣急躁的主管甚至會質問你：「我在跟你說話，你沒聽到嗎？」在第二種情境中，你們建立了基於工作的信任。在第三種情境中，你們建立了基於人的信任。

表面上看，這是職場話術導致的不同，但本質上還是態度問題。

如何學會高級的聆聽

回到「說起來容易、做起來難」的老問題。如何把道理內化為能力呢？有的人會問：「我反應能力沒那麼強，也無法迅速學會高級聆聽，該怎麼辦呢？」

其實，這種能力是可以鍛練的。在練習之前，我們需要釐清前方有哪些障礙。通常，沒有做到聆聽的表現有：

■無目的地打斷發言者。
■沒有保持目光接觸。
■邊聽邊做其他事情。
■突然改變談話主題。
■不給發言者有效的回應。
■對方說完馬上就做出判斷，並急著發表自己的觀點。
■表面上很投入，但心思在別處。
■嘴上不說，卻在心中批判對方的觀點。

用以上情況檢視自己，然後想想看：「沒有做到聆聽的時候，我在想些什麼？」比如：

■我無目的地打斷別人，是不是急於證明自己是對的？
■我沒有跟對方保持目光接觸，是不是在想其他事？
■別人說話時我卻在倒水，是不是顯得我不夠重視這次談話？

■ 對方話音未落，我就搶著發表觀點，是不是我擔心別人以為我沒主見？

■ 我嘴上不說，卻在心中批判對方，是不是我不夠客觀和尊重事實？

如果沒有想發言者所想，我們就很難做到高級的聆聽。從「想自己所想」到「想對方所想」的轉變，是走向高級聆聽的關鍵。我們可以分三步來完成。

第一步，對發言者保持最大的好奇心。好奇心是天生的，但要時刻保持好奇卻不容易。前文提到，自大心態會讓「不瞭解」變得理所當然。也就是說，把一切視為理所當然的態度，讓我們喪失了好奇心。如果能找回好奇的天性，就能「少說、多問、多回應」。

第二步，用同理心地圖把「聆聽」這件事變成身體記憶。好奇心只是基礎，過度氾濫甚至會破壞職場邊界。所以，我們不妨用同理心地圖（見下頁圖5.4）來形成和鞏固這一項身體記憶。

同理心地圖常被產品設計師用來分析產品和使用者，它有助於設計師瞭解用戶的真實需求和痛點。追求高級聆聽的能力時，我們可以把發言者當作用戶，想其所想、看其所看。

開始練習時，你可以找一張紙，把發言者畫在中間，然後把對方聽到、看到、說的與做的、想法與感受、痛點、需求分別列在旁邊的區域。練習多次以後，自然就會養成習慣，與人面談時也能迅速抓住重點。

第三步，用開放式提問使同理心地圖趨於完善。在職場衝突中，對方未必願意把自己

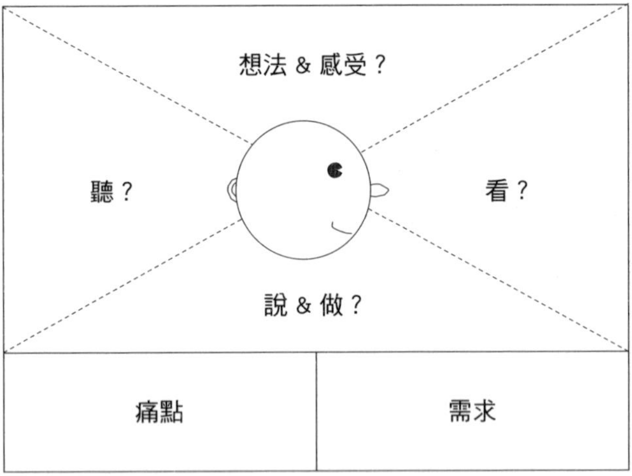

▲圖 5.4 同理心地圖

的想法全盤托出。這時候，我們可以透過開放式提問，為發言者提供更大的表達空間，讓他感覺到被關注。這有助於我們取得對處理衝突有用的資訊。

開放式提問是指不具有引導性和指向性的提問，通常沒有固定答案；封閉式提問是指需要定向回答的選擇題，帶有提問者的判斷，容易把談話引往錯誤的方向。與之相反，開放式提問則把方向盤交給對方，透過對方的闡述來推進對話。在進行開放式提問時，我們應該多用「是什麼」、「如何」、「還有什麼」，少用「是不是」、「對不對」、「為什麼」。這裡要特別說明一下，「為什麼」看似開放式提問，實則容易讓聽者產生被評判的感覺。比如，「你為什麼沒有完成業績」的潛臺詞是「你本該完成業績，卻沒有做到」，帶有指責意味。「你有沒有想過自己沒完成業績的原因是什麼」，這樣提問更容易讓對方敞開心扉。

溝通是為了解決矛盾，而不是激發矛盾。要想說話得體，首先就是學會聆聽。**因為懂聽的人比會說的人更能收穫長期信任，而信任是職場衝突往良性發展的有力推手。**當你參照同理心地圖，用開放式提問開啟積極聆聽的大門時，你會發現，職涯發展將有更多可能。

回饋機制：靠得住比犀利更重要

職場是有規則和機制的。很多時候，衝突的主因是機制不完善，而非個人因素。之所以會發生前文所述的四種職場衝突，很大程度上是因為組織內缺乏合理有效的回饋機制。僅憑個體的自我覺察來應對各種回饋，不僅效率低，而且不可控。如前文所述，破壞性批評和建設性負面回饋在職場中頻繁出現，所以，如何在衝突發生之前建立有效的回饋機制，把衝突轉化為效能，是我們需要學習的重要技能。

回饋不是為了展示優越

我們對回饋的認知存在一種偏差，即認為給予回饋的一方（發表意見）比接受回饋的一方（接收意見）更優越。來看看下面兩種常見的錯誤。

第一種，把「恕我直言」掛在嘴上。

「恕我直言，你現在的能力還配不上這個專案。你應該先把手邊的工作做好，積累一段時間後再來爭取。」這段話的潛臺詞是：「我是實話實說，你可不能生氣，要坦然接受！」這類人看似實事求是，實則意見不一定客觀。此舉引發衝突後，他們通常會認為對方聽不進別人的意見。

第二種，經常變成「透明人」。

這類人總擔心自己說錯話、得罪人，引起不必要的麻煩，或者認為自己的意見不重要，不想浪費別人時間，也可能是覺得自己的想法很普通，羞於出口。他們不敢給人明確的回饋，把自己變成了「透明人」，結果別人對他們的成見越積越深，最後爆發衝突。

我們來看另一個案例。小T和小S是同一個專案的同事，兩個人隸屬不同部門。專案小組每週開一次會，交流進度，並安排下一週的工作。小T犯了第一種錯誤：總是在表明觀點時加上一句「恕我直言」；小S則犯了第二種錯誤：認為自己如果沒有新看法，最好保持沉默。

我對他們兩人分別進行了訪談。小T說：「我確實認為自己的觀點是正確的，所以會不自覺地使用這句口頭禪。」小S說：「如果發表的觀點沒有價值，我寧願不說。」

本質上，兩個人都認為回饋是展示自己的機會；發表意見的人更優越。可是，回饋的本質並不是自我展示，而是描述自己觀察到的客觀事實，應該要誠實、對事不對人，目的是換取對方的「看見」，進而提升溝通價值。回饋雙方都能得到自己想要的結果——某種改變或進步的可能。這就是價值所在。

即使小T和小S好好表達了看法，也不一定對專案有多大貢獻。但是，有效的回饋能增進雙方做出某種改變的可能性，無效的回饋則可能損傷人際關係與團隊戰鬥力。

如何才能把「自我展示」的執念踢開呢？我們可以從以下四點做起。

■ 明白為對方以及雙方共同利益著想的回饋才是有效的，否則一切都是徒勞，甚至可能造成反效果。

■ 承認自己作為利益相關方，在回饋時是存在偏見的。那些想當然的「我以為」和「我覺得」脫口而出的時候，它們並不是客觀的描述。

■ 懂得回饋要有節制。為了回饋的有效性和溝通價值的最大化，我們必須控制自己的回饋，而不是讓它肆意脫口而出。

■ 給予對方足夠的信任，相信他能從客觀描述中獲得洞見，並找到更好的應對方式。

使用模型和工具「強迫」各方有效回饋

職場雖然複雜，但也是最容易實踐工具化與模型化的場域。我們自己當然可以實踐建設性回饋的四個步驟，但在職場中，要求別人也這樣做是很難的。這時候，工具和模型就是最好的幫手。

模型可以說明我們快速建立信任，推行有效回饋的方式。在會議或者日常溝通的一開始，我們可以和所有參與方約定，使用同一種或某幾種溝通模型或回饋工具。接下來，我將介紹職場中接受度最高的兩種回饋模型：SBI回饋模型和PPCO回饋模型。

SBI回饋模型

SBI回饋模型是指有效的回饋必須包含Situation（情景界定）、Behavior（行為描述）、Impact（行為影響），即有效回饋需要描述時間、地點、對方的所說與所做，以及其行為產生的影響。SBI模型適合一對一的對話場景，像是績效考核、工作回饋或總結。

比如，小T的主管想對小T在專案會議上的表現進行回饋。他把小T叫到辦公室，對他說：「你平時說話要注意分寸，別太武斷，發表觀點時不要咄咄逼人。」聽了這樣的回饋後，小T會很困惑：「主管是覺得我哪句話沒說好嗎？我怎麼沒感覺到？我是不是哪裡冒犯到他？」

如果運用SBI模型，主管就可以這樣說：「小T，我發現在前兩次專案會議中（情景界定），你表現得非常積極，似乎對自己的觀點很有自信。我記得你說：『說實話，只有A公司才有實力做IT顧問』（行為）。透過這樣的表達方式，我看到了你的工作熱情，也看到你對A公司的信心，但同時也覺得你表現得稍顯武斷，讓其他人沒有表達意見的空間（行為影響）。希望你下次注意一點。」

上述回饋包含四個部分：第一部分，讓小T知道主管是講他在專案會議上的表現；第二部分，真實再現小T的行為，讓他以旁觀者的角度看待自己的表現；第三部分，指出小T的行為對別人造成的影響；第四部分，主管提出要求和期待，讓小T知道應該如何改進自己的說話方式。

SBI模型告訴我們，一對一的回饋需要明確而具體的情境，不能空泛地打擊對方；要客觀描述具體行為，不能一概而論；要如實講出該行為的影響和自己的感受，不能遮遮掩掩。

PPCO 回饋模型

PPCO回饋模型的第一個P代表Plus：在剛才的發言中，有什麼特別好的想法和觀點？（這一點很好！）

第二個P代表 Potential：有哪些方面是值得肯定，但仍保有更大潛力的？（這一點不錯，但還可以更好！）

C代表Concern：有什麼地方會引起我的顧慮？（關於這一點，我有些擔心。）

O代表Overcome：針對這個顧慮，有什麼可行的解決方案？（我們可以這樣做。）

如此具有明確步驟和指向性的回饋模式，可以提高討論效率，讓回饋者有貢獻感，並且使回饋過程更加對事不對人。

SBI模型更適合一對一的回饋，而且不要求回饋者即刻給出建議。相比之下，PPCO模型則較適合多人會議，回饋者往往需要當場提出自己的想法。PPCO模型有助於激發創造性思維，推動意見交換。會議組織者可以在討論前規定，所有人必須依照PPCO模型發言，或者發放一份基於PPCO模型的範本。

不愛在會議上發言的小S，可以根據PPCO模型發表意見：「我認為小T提出的『IT諮詢公司要先確立選擇標準』的意見是正確的（這一點很好）。他確認的標準具有系統性，但我們不僅要考慮系統性，還要考慮可行性（這一點不錯，但還可以更好）。我比較擔心的是，我們目前對於行業其他標準的資訊量不夠（關於這一點，我有些擔心）。因此，我們可以先接觸一些諮詢公司，看他們能否提供通用的行業標準，或者我們自己整理出來（我們可以這樣做）。」

小S這樣回饋就顯得有理、有據、有節，不是單純的附和或反對，同時能推動專案發展。這樣的職場回饋機制自然是非常高效的。

總之，我們不能保證所有人都志同道合，但可以建立比較完善的職場回饋機制，確保高效溝通。只有職場氛圍變得輕鬆，我們處理人際衝突時才會更簡單。

第6章

真正的好伴侶，懂得怎樣好好鬧情緒

你可以邊吵架邊解決問題

和伴侶吵架這件事，我們都不陌生。有時候吵的是情緒，像文藝片；有時候吵的是道理，像勵志片；有時候吵得言不由衷，像愛情片；有時候根本不知道為什麼而吵，卻每次都能繞回那個怎麼也解決不了的問題，就像一部驚悚片。

親密關係中的吵架雖然很常見，卻可能會從根本上動搖兩個人的關係。吵贏的人不會覺得開心，吵輸的人非常不甘心。雙方動不動就上升到人身攻擊，以致兩敗俱傷。最可怕的是，這種爭吵往往沒完沒了，最終導致感情破裂，留下心結。

想用吵架解決問題，情況卻越來越糟

吵架是由某些問題引發的衝突，我們本該致力於解決問題，但情緒卻令人變得更無頭緒。你可能也有過這種經歷：本來是因為對方做了讓你不高興的事而吵架，最後卻變成在抱怨對方不夠愛你。情緒產生波動時，我們確實無法好好解決問題。

有一年的重陽節，我和先生想趁著好天氣帶孩子去戶外活動。他在網路上查了攻略，建議我們先登山，然後步行下山，去沙灘玩沙。我考慮到時間問題和兩個孩子的體力，建議不要兩項一起進行，可以直接去沙灘。

我先生有一個「絕招」，即當我有不同意見時，他便採取「重複戰術」，一直講到我說「也可以」為止。他不停地說「重陽節當然要登山，而且路程並不遠，一個多小時而已，孩子的體力夠用，也有時間玩沙」這些理由，我最終同意了這個安排。

我本以為那次活動的主要目的是去沙灘，登山只是如他所說的「一個多小時就搞定」的開胃小菜。可事實上，我們從早上九點開始登山，一直到下午兩點多才從山上下來。因為他說登山一小時就能結束，我不合時宜地穿著襯衫、牛仔褲，手拎兩個沙灘桶和鏟子，絲毫沒有爬山的樣子。沿途看見別人都是全套登山裝備時，我仍然沒有意識到問題的嚴重性，還覺得：有必要穿戴這麼專業的裝備嗎？

最初一個小時，確實如他預期的那樣，我們很輕鬆就爬到了高處，山下的美景一覽無餘。在山頂逗留了好久，我們才往山下走，沿途的風景讓人心情愉悅。臨近中午十一點的時候，我發現下山的路其實在延綿不絕的小山峰間，開始有點不耐煩了。中午十二點，聽到路人說「以這個速度，下午兩點可以抵達沙灘」的時候，我徹底爆炸了！身旁是兩個累得哇哇叫的孩子，眼前是曲曲折折的山路，手裡還拎著兩個沙灘桶，我開始暴躁起來，不停埋怨先生一意孤行。

至此，吵架的序幕正式揭開。我列舉了他此次不聽取我意見的諸多事實，並翻開他此前多次忽略我意見的舊賬。我不斷控訴：「整個山上只有我一個人穿牛仔褲和襯衫，我們全家都穿著普通的運動鞋，我還傻乎乎地拎著沙灘桶。」孩子和他都因為山路太滑而摔了跤，我差點忍不住責備他，更別說關心他的傷勢了。我就是要他感受到空氣裡彌漫著我的無聲譴責。

一開始，他自覺理虧，默默聽我發洩了半天。後來，他終於忍不住了，生氣地辯解道：「我也是被網路上的攻略騙了。」我一聽更生氣了，質問他：「那你當初為什麼不聽我的意見呢？」我倆你一句，我一句，就這麼在路上吵了起來。

進行到這裡，我們已經忘了最初為什麼要吵架。我只是很氣憤，覺得自己又一次讓他的「絕招」得逞了；他只覺得很委屈，覺得自己的出發點是好的，也是希望全家人能有一個愉快的假日。

這其實是很多情侶、夫妻吵架的通病：本來是為了解決問題，吵著吵著問題已經不重要了，雙方只是在發洩情緒。我們陷入自己的情緒裡，脫離了解決問題的軌道。

但如果我們能跳出情緒的泥潭，聚焦於真正要解決的問題，吵架的走向是否就不一樣了呢？

邊吵架邊解決問題的祕訣

解決問題本就不容易，更何況是在極度情緒化的狀態下。不過，只要掌握一些小技巧，便可以讓頭腦保持清醒。

接續上面的故事。怒氣上頭的時候，我感覺自己三天之內無法原諒先生，但後來事情發展的方向卻很奇特：我們還沒走到沙灘就和解了。

我事後分析原因，發現只要問題解決，架就不會繼續吵了。回想一下我們吵架的過程，其實就是一個解決問題的過程，具體分為以下四個步驟。

第一步：發現問題

我率先表達了不滿，開始發散式地「攻擊」我先生，列舉他的問題。他則強調自己並不知道那條路難走，他也是被網上的攻略誤導了；景色很美，爬山是重陽節的習俗……等等。這時，我們的爭吵還處於就事論事的層面。

第二步：定義問題

如果說第一步的交鋒，我們處於水面之上的冰山，那接下來就是慢慢轉移到水面之下，即感受的層面。我生氣的原因有兩個：一是他沒採納我的意見，讓我覺得我的意見根本不重要；二是我出門時穿的是牛仔褲，他沒有提醒我，讓我覺得不被重視。我的結論是：因為他不在乎和不重視我，我們才會有如此不愉快的登山之旅。

第三步：開發方案

問題被分析和定義後，我們分別提出了解決辦法。我先生的意見是：先去陰涼處休息，恢復體力後再接著走；他負責背包包、拎東西，我們各自照應一個孩子。漫漫長路，他看我依舊怒火難消，主動提出下週帶我去做SPA，以此證明他不是不在乎我。最後，我提出一個看似無厘頭的解決辦法：只要在山上看見第二個穿牛仔褲爬山的人，我就可以消氣了。

第四步：交付方案

最後，我們開始討論解決方案的細節，對話的氛圍也緩和了下來。直到我們看到另一位穿牛仔褲的女士後，整個吵架的過程就在笑聲中結束了。

下山之後再回想這件事，我發現它正符合雙鑽石模型（見下頁圖6.1）。

雙鑽石模型是二〇〇五年由英國設計委員會（British Design Council）推出的核心設計方法。它將設計原則與方法用兩個鑽石（菱形）來表示。

這個由兩個菱形組成的思維模型，將解決問題的過程分為「做對的事情」（Do the right thing）和「用對的方式做事」（Do things right）。每個部分又分為發散思維和融合思維兩個步驟，共四個步驟。

一、發現問題

發散的部分。保持開放的態度，廣泛思考，列出相關因素和變量，排列窮舉。

二、定義問題

融合的部分。把注意力聚焦在根源性問題上，正確定義需要

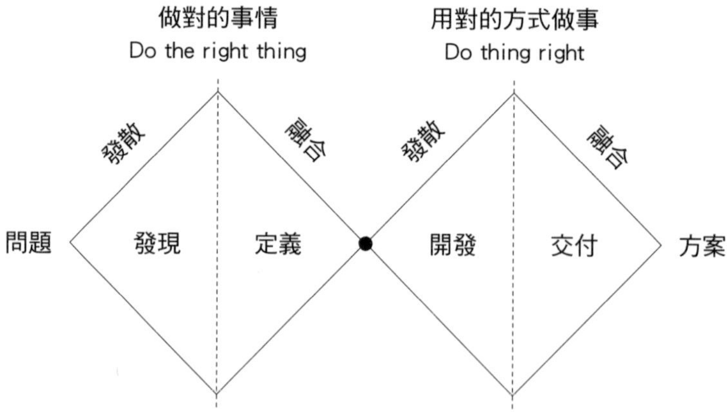

▲圖 6.1 雙鑽石模型

解決的問題。這就是成功的一半。

三、開發方案

發散的部分。繼續保持開放的態度，列舉並測試各種可能的解決方案。

四、交付方案

融合的部分。縮小候選方案的範圍，找出最佳解決方案。

為什麼我要用一個吵架事件來舉例呢？因為吵架過程本身就是一個被情緒挾持的過程，而雙鑽石模型帶來的視覺化認知，讓我們可以在被挾持的情況下，仍能清醒地看待問題。

當然，我並沒有冷靜到在吵架過程中溫習雙鑽石模型，只是事後發現，我確實在不知不覺中踐行了雙鑽石模型的四個步驟。這種經歷及事後的反思，會讓身體形成一種記憶，讓我在遇到類似情況時，能快速想到解決問題的好辦法。

這次吵架之所以沒有升級，而且能很快結束，主因是我們很快就定義了問題，並積極討論解決方案。這時候，吵架的「情緒」就已經結束了；當方案浮出水面，開始進入落實階段時，整個吵架過程也就接近尾聲了。

歸根結柢，分析和解決問題的能力，就是撥開表像、探尋根本並尋找解決方案的能力。掌握這一能力，我們才能更有效地解決吵架中的實際問題。

恰到好處的「上綱」

在兩性關係中，很多人對「定義問題」的環節反感，認為這是「無限上綱」——明明是一件小事，為什麼非要衍伸到「你是不是在乎我」之類的問題？於是他們會很惱火，開始為自己辯解，指責對方無理取鬧，最後使小摩擦升級成大吵大鬧。

另一些人則認為吵架之中沒小事，在定義問題時會習慣性地跳出事情本身，把對事的批評變成對人的否定與打擊。這些人的負能量太強，讓另一半覺得壓抑，無法與之好好溝通。

怎樣才能恰到好處地定義問題呢？很簡單，就是既不迴避也不誇大，讓自己的主觀看法儘量靠近客觀事實，再恰如其分地表達出來。

這樣一來，「定義問題」便可以成為處理衝突的好幫手。

別讓「上綱」成為你拒絕思考的藉口

一直以來，指責對方「無限上綱」是吵架中最偷懶的應對方式。當聽到對方指出關係中的問題時，一句「你可不可以就事論事，不要無限上綱」，似乎就是完美的應對。這句話會讓自己顯得很「無辜」，對方似乎才是那個無理取鬧的人。

但多數情況，吵架的勢頭會隨之越來越強勁。「不要無限上綱」等於終結了「定義問題」的可能性。定義不了問題，兩個人找不到行動的目標，就會成為無頭蒼蠅。

要知道，「定義問題」在某種程度上就是要「上綱」。我們要互相說明，共同解決問題，一起「上綱」，而不是一方想定義問題，另一方卻只想迴避。

還記得上一節提到的雙鑽石模型嗎？越早定義問題，越早解決問題。越是迴避，問題就會像雪球一樣越滾越大，最後破壞雙方關係。

換個角度看，有些話貌似是指責，其實是一種呼喊和求助。如果能理解對方的真實意圖，無疑會讓親密關係在吵架過後進一步升溫。

對方說「你不夠在乎我」，可能是因為他需要你的關心；對方說「你心裡根本沒有這個家」，可能是他想讓你多表達自己的感受；對方說「你凡事只想著自己」，可能是因為他最近太辛苦，需要你的支援。

換個角度看問題，我們就會發現，這些所謂的「指責」蘊含了許多資訊，而每條資訊都是亟待解決的問題。看見這些問題，定義它們，你就會找到行動的目標。

在脫口而出「你不要無限上綱」之前，記得提醒自己：眼前這個人，正在等著我的幫助。然後，你應該嚥下這句話，抱一抱另一半，問他：「親愛的，你覺得問題出在哪裡？我怎麼做才能讓你感覺好一些？」相信這樣一個不迴避問題的你，能與另一半建立更深厚、更牢固的感情。

掌握好「上綱」額度，不為關係留遺憾

接下來，我們轉換一下角色。如果我們是被認為「無限上綱」的那一

方，應該如何定義問題，而不是製造更多問題呢？以下有五個很有效的溝通技巧。

一、就事論事，不要人身攻擊。

比如，「我之所以生氣，是因為我覺得你不夠重視我」屬於就事論事，「我之所以生氣，是因為你是個自私鬼」就是人身攻擊了。在吵架時，千萬不要人身攻擊。這種根本性的否定，會阻礙雙方朝著解決問題的方向前進。

二、一次說一件事，不要擴大打擊面。

比如，因為沒人繳電費導致晚上停電時，雙方可以藉機討論一下家庭職責分工，但不要追溯至約會時遲到的問題。定義問題的主要目的是縮小範圍，聚焦於關鍵問題。如果火力太分散，就會導致每個問題都無法解決。

三、不要猜測，要主動求證。

對問題的定義必須是雙方都理解且認同，而不是由一方猜測的。如果不跟對方求證，那麼問題很可能是我們自己想像出來的，根本不代表客觀事實。與其跟臆想出來的問題較勁，不如向對方求證，這樣能減少很多不必要的誤會。

四、問題可以尖銳，語氣最好輕柔。

同樣的話由不同的人說出來，效果可能完全不一樣。在定義問題時，如果能用略微輕鬆、溫柔的語氣來表達，就會讓另一半感受到更多愛意，更容易接受我們的提議。當問題本身比較尖銳時，更要注意溝通的方式。

五、把「我」和「你」換成「我們」。

比如，把「你除了玩遊戲，還會做什麼」換成「我們怎麼做才能讓你少玩遊戲？遊戲已經影響到我們的正常生活了」；把「我每天都很累，你能不能幫我分擔一些家務」換成「我們坐下來好好談談該如何分擔家務」。調整一下表述方式，就可以避免兩個人只站在自己的角度去定義問題。

總之，「上綱」並不可怕，它是定義和尋找問題源頭的過程。只有找到源頭，滿足彼此的真正需求，才能迅速結束爭吵。而能否找到問題源頭，很大程度上取決於我們的溝通方式。不必害怕吵架，更不必害怕定義問題，相信一切都會柳暗花明。

雙鑽石模型：情緒對了，事情就順了

有些問題可以解決，但很多時候，吵架並不在於問題本身，而是發洩由問題引發的情緒。但凡能被解決的問題，基本上都不會走到吵架這一步。在吵架中遇到解決不了的問題，也是人生常態。遇到這種情況時先別急，問題可能出在你的情緒上。如果能喚醒自己對情緒的覺察，就能輕鬆地大事化小、小事化無，不再被問題牽絆。

問題可以解決，情緒卻不一定

三十五歲的時候，我裸辭了。

我從十多年來對公司兢兢業業的職場人士，變成在家中工作並直接對客戶負責的自由業者。習慣了有人發派任務，需要與人溝通、商議的工作形態，突然間一切都得自己來——策劃、客服、銷售——難免有些不適應。

經過六個月愜意、放飛自我的生活後，孤獨和焦慮開始找上門，真可謂「上班時，嫌不自由；不上班時，嫌自由過了頭」。我常覺得大家不理解我，不看好我的選擇，甚至認為我做不到。那段時間裡，我總是抱著戒備的心態看待身邊的人，跟家人有不少摩擦，尤其和先生之間出現了動輒吵個不停的苗頭。

出於職業敏感性，我很快意識到，衝突頻率突然增加不是因為我和他的關係出現了問題，而是我的情緒。**我要做的不是吵贏他，而是跟自己對話**。

於是，我靜下來觀察自己，把自己想成一個旁觀者，像電影長鏡頭一樣慢慢拉遠畫面，然後站在遠景的角度看著自己。我看到自己的孤獨感——我正處於單打獨鬥的狀態；我還看到了自責——腳下的路明明是自己深思熟慮後選擇的，為什麼還這麼焦慮？

這些情緒糾纏在一起，讓我一時不知從何下手，也不知道應該先解決哪一部分。於是，我對這些情緒進行了梳理。孤獨感是最表面的，是由自我懷疑和不確定感導致；自我懷疑是因自責而生；自責又源於當前工作的延遲回饋帶來的陌生和緊張感。

此時，我意識到，我應該先思考一下，當前工作中的延遲回饋對我意味著什麼，我是否能好好跟情緒進行對話，從而改變陌生和緊張感。經過這次自我覺察，我發現工作狀態的變化才是我必須適應和面對的問題，而它們是沒辦法透過吵架來解決的，我需要培養新的技能。由此可見，安撫自己的情緒，遠比靠吵架去發洩更有效。

用雙鑽石模型疏導情緒

雙鑽石模型可以用來說明疏導情緒的過程，因為自我覺察也是一個先向內發散、融合，再向外發散、融合的過程。

第一步，發散情緒。

情緒即將爆發時，我們應該先體察一下自己的身體反應：出汗？緊張？心跳加速？胸口壓抑？然後體會一下內心的感受：憤怒？委屈？埋怨？自責？自卑？或者其他？再看看自己的行為表現：不停踱步，還是低頭看手機？想打斷別人說話？或者不想做任何解釋？這些表現說明了什麼呢？

向內發散是為了確認自己的情緒，搞清楚每種行動後面是否藏著更深層次的情緒，從而釐清自己應該朝哪個方向前進。

第二步，向內進行情緒融合。

有時候，我們似乎很難梳理出哪種情緒重要、哪種情緒不重要。這時候，不妨對自己的情緒分層，看看最下面一層是什麼，分析你此刻最希望跟哪種情緒對話，把其中最基本的一兩種梳理出來，這就是向內融合。

第三步，充分覺察情緒後，再向外溝通，將情緒表達出來。

此時的情緒表達是為了讓對方看見自己、瞭解自己。這裡有個小建議：你可以試著將自己的情緒發散和融合（第一步、第二步）過程講出來，這遠比發洩情緒更能幫助對方理解你。理解正是舒緩情緒的良藥。你會發現，那些困擾你的東西一旦被說出來，就不是問題了。

最後一步，透過對方的回饋來確認自己的情緒是否得到有效疏通。

確認一下：你是不是誤解了對方？有沒有可能對方並不是你鬧情緒的源頭？是不是只要你足夠強大，就可以解決這個問題？讓你不滿的究竟是對方，還是你自己？

這些過程的目的，其實還是把重心放回自己身上。畢竟能疏導我們情緒的不是別人，正是我們自己。

壓抑或發洩的本能，只會導致情緒被忽略或放大。**如果你還沒有調節好情緒，就想捲起袖子解決問題，就好比一片斑駁的牆面還沒有被打磨，就塗上了新油漆，效果並不好。**所以，在壓抑或發洩之前，你應該先鎮定下來，好好看看自己的情緒。相信我，這會幫你打開新世界的大門。

別把「冷戰」當「冷靜」

「冷戰」是一種特殊的衝突形式，在兩性關係中極為頻繁，多則持續數月，少則數天。很多人錯把「冷戰」當「冷靜」，殊不知兩者有天壤之別。「冷靜」是從爭吵中暫時脫離出來，等情緒平復後再繼續解決問題；「冷戰」的重點則在於「戰」，意味著雙方或其中一方想透過這種方式來解決問題——要嘛對方屈服，要嘛自己認輸——總之是用冷暴力來達成結果。

雖然衝突不見得是壞事，但冷戰是要不得的。在兩性關係中，我們不僅要儘量避免主動發起冷戰，還要知道怎麼結束它。

冷戰傷感情，更傷關係

冷戰輕則傷感情，重則損害關係，斷絕感情的修復管道，形成一種惡性循環。冷戰的危害主要表現在以下三個方面。

一、「冷戰」傳遞出的訊息是「保留和戒備」。

兩性關係是人際關係中非常複雜的一種。它既有最純粹的情感依賴，又有最敏感的家庭地位較量；既有最真誠的信任，又有最瘋狂的猜忌。冷戰在職場關係衝突中可能是戰術後撤，在親子關係衝突中可能是缺乏溝通技巧，在原生家庭衝突中可能是習得性無助。唯獨在兩性關係中，冷戰伴隨著一種不可告人的心理——我不想當為愛付出更多的那一方。這種資訊一旦被對方接收到，無疑會成為彼此心頭的一根刺。即便冷戰結束，關係暫時恢復，這根刺也會一直存在，時刻提醒著你，對方的感情是有所保留和戒備的。

二、「冷戰」給予怨氣充分的空間和時間發酵。

年輕人認為冷戰表示自己有骨氣，中年人認為冷戰最省事。然而在兩性關係裡，沒什麼比帶著怨氣閉嘴更糟糕的事了。冷戰會讓雙方的怨氣轉化為對彼此最惡意的猜忌，即便在冷戰中想起了對方的好，也很難抹去那些猜忌在心裡留下的傷痕。

三、頻繁「冷戰」，意味著雙方已經沒有更好的溝通渠道了。

但凡有更好的溝通方式，雙方也不會走到這一步。冷戰局面的出現，要嘛是一方缺乏能力和意願繼續溝通，要嘛是雙方沒有找到良性的衝突解決方式。不論是哪一種情況，都說明兩個人無法維持正常的親密關係。長期的僵持不僅傷感情，還會影響生活品質，讓人越來越絕望。

結束冷戰，最好的辦法是停止猜測

我們來看一看情侶冷戰時的常見動機：

- 吵架很費神，冷戰可以避免吵架。
- 認為對方需要冷卻一下，才能意識到自己錯了。
- 是他先拒絕溝通的，我不要做主動的那一方。
- 先說話的人很沒面子。
- 如果我主動示好，以後在家裡就沒有話語權了。

- 先示好的人在這段關係裡更卑微。
- 我就是故意讓他難受。
- 我不想和好了，就算分手也沒關係。

上述動機各有不同的殺傷力。奉勸大家不要在兩性衝突中去猜測彼此的動機，**不管對方的動機是什麼，猜測這件事本身就很不明智，因為動機是無法驗證的**。意思就是，無論我們怎麼猜，無論對方怎麼答覆，都無法確認真正的答案究竟是什麼。

客戶小潘跟我講過這樣一件事。有一次，她先生要出差，打算下午出發。她早上出門前，先生對她說了一句「接下來幾天要辛苦妳了」。這本來是一句貼心的話，小潘卻覺得十分刺耳——就算你不出差，平時操持家務的不也是我嗎？你出差和不出差，又有什麼區別呢？何必假惺惺說這麼一句話？於是，她回了一句「這話有說跟沒說一樣」，就出門了。

去公司的路上，小潘仍難以平復心情，越想越覺得先生很虛偽。他出差那幾天，小潘沒有主動聯繫，也沒有回覆他報平安的消息。先生見小潘不理自己，也就不再主動和她聯繫，兩個人自此開始冷戰。

在那幾天裡，小潘內心一點都不平靜。雖然矛盾是由她開啟的，但她認為先生應該主動打電話詢問她為什麼不開心。她內心浮現了很多猜測：

- 他不可能不知道我不高興，只是故意不問。
- 他是不是想趁出差清靜一下？
- 他在家時也不怎麼做家務，偏偏出差時假裝對我好。
- 他是不是巴不得我不理他，好出去享個清閒？

小潘越想越氣憤，認定先生是故意逃避家庭責任，甚至忘了冷戰是她自己發起的。我問她：「妳對妳先生的動機有很多猜測，妳認為其中有哪些能被證明是真的呢？」

她回答：「我沒有機會向他求證，只是我自己想的。」我又問：「假設妳現在可以向他求證，妳能證明哪些猜測是真的呢？」

她沉默了一會兒，說：「好像也沒辦法證明，即便他真的是這麼想，也不會承認。」

我又問：「那麼妳的這些猜測，到底是什麼呢？」她說：「可能是我內心負面情緒的鏡像吧！」

想像其實是自我認知的投射，內心不存在的東西，我們是想像不到的。比如，當我們想像一個外星人，我們只可能根據心中已有的東西來組合成外星人的形象。因此我們在揣測對方時，得到的其實只是自己的認知。

退一萬步講，就算我們猜到了對方真實的動機，又能怎樣？當你質問對方時，他也未必會承認。更糟糕的情況是，對方懶得解釋，直接拋給你一句「你說的都對」。

人的動機很複雜，我們甚至無法準確描述自己的動機，更何況揣測對方。停止猜測，是停止冷戰的第一步。

所以，千萬不要輕易開啟一場冷戰，更不要寄希望於用冷戰來解決問題。我們可以跟伴侶約法三章：第一，有問題不隔夜，睡前一定要破冰；第二，一方想冷靜的時候，另一方也要陪伴左右；第三，永遠保持至少一種溝通管道，或語言，或文字，或眼神，或肢體。

在自我覺察中重建婚姻關係

很多人以為，結束一段不幸福的婚姻就可以避免衝突，卻在第二段婚姻裡發現自己仍然面臨相似的問題。有時候，問題並非出在兩性關係本身，而是我們對婚姻的認知和期待。換句話說，不是婚姻出現問題，而是我們出了問題。

婚姻不是療傷的管道

婚姻遠比愛情更複雜。心理學家認為，我們的童年經歷決定了長大後會選擇什麼樣的伴侶，以及怎樣跟伴侶相處。在選擇終身伴侶時，我們到底在想什麼？每個人都有自己的答案。但在內心深處，我們似乎都希望婚姻可以成為療癒我們的港灣。

我的朋友小L就是在父母常年爭吵中長大的。雖然父母都很愛她，在生活上把她照顧得很好，但她目睹了無數次媽媽歇斯底里地抱怨，和爸爸冷冰冰地摔門而去，從而認為父母婚姻不幸福的原因是爸爸對媽媽不夠好。所以，她在選擇人生伴侶時，最重要的衡量標準就是「找一個對我好的人」。

經歷初戀的甜蜜和被背叛的痛苦後，她來到二十八歲——會被催婚的年紀。那段時間，她認識了一個對她好的男朋友。所謂「對她好」，就是會立即回覆訊息，喜歡天天和她待在一起，經常說些甜言蜜語。男朋友的很多方面，她並不喜歡，比如，他無法接受她和朋友一起吃飯，哪怕是女性朋友都會引發他的不悅；他對待工作很消極，不反思自己，總覺得別人有問題；喜歡貪小便宜，為人處事不那麼光明磊落。儘管如此，只要想到他對自己的好，小L就覺得這樣已足夠。

「我非常需要一個每天對我噓寒問暖的另一半，我受不了冷冰冰的親密關係。」小L對我說。

終於，小L帶男朋友去見了父母。父親說：「我覺得你們不合適。」小L說：「我認為，找一個對我好的男生就可以了，別的都不重要。」父親卻說：「再過幾年妳就會知道，一個人是否對妳噓寒問暖，其實並不重要。

婚姻裡最重要的，是兩個人能互相支持、成就彼此，而不是打壓或拖垮對方。」

這語重心長的勸告，小L並沒有聽進去。她認為，在婚姻這件事情上，父親實在沒什麼發言權。畢竟，她對不幸婚姻的大部分認知都來自父母，而父親在其中應該承擔一半責任。小L心想：「只要他對我好，就夠了。」

小L背著父母，繼續跟男朋友交往，卻因為性格、觀念不契合，兩個人總是吵架。但跟父親默不作聲或摔門而去不同的是，每次爭吵完，男朋友都會馬上賠禮道歉。這讓小L覺得，至少比父母的那種關係好多了。

結果，在一次爭吵中，對方動了手。還好她理智尚存，及時抽身了。

多年後的今天，小L擁有了美滿的婚姻。回想起當年那段經歷，小L說：「當時，我喜歡的可能並不是那個人，而是因為他能彌補我內心某種缺失。我一點也不怪他，只怪自己當時對婚姻抱有錯誤的期待。」

跟小L一樣，把婚姻當作療傷管道的人不在少數。只是每個人身上的傷不一樣，對婚姻的期待也不一樣。小時候被冷落的人，希望婚姻能帶給自己足夠的溫暖；小時候為生存而掙扎的人，希望婚姻能帶給自己生活的保障；

小時候一直被批評的人，希望在婚姻裡受到欣賞；小時候一直被控制的人，希望在婚姻裡擁有足夠的自由。

我並不是要所有人責怪原生家庭、責怪父母，而是希望大家理解，只有意識到自己對婚姻抱有不切實際的幻想，才能把重點放在自我覺察上，而不是期待別人滿足自己的幻想，然後責怪對方做了什麼或沒做什麼。**能找到一個可以療癒自己的人固然幸運，但為了療癒而開啟一段關係，就好比病急亂投醫，舊病未癒又添新病。**

從婚姻中學習如何建立真正的親密關係

如果你沒能在婚姻中獲得治癒，不妨放下這種執念，把婚姻當作學習建立親密關係的機會。

在一段親密關係中，我們總是對另一半抱有期待，希望對方彌補自己內心的缺失，治癒自己的傷痕。因此，期待落空後，我們開始互相責備。這就是親密關係該有的樣子嗎？難道婚姻就意味著我們要對彼此的傷負責嗎？

回想我前面說的「不關我的事」和「只關我的事」。當我們被對方責備的時候，應該知道這「不關我的事」，因為對方有需要被治癒的傷痕；當我們責備對方的時候，也應該提醒自己這「只關我的事」，因為我們有需要被治癒的傷痕。

我們不需要為彼此的傷負責。付出再多努力，也無法療癒一個想靠別人修復自己的人，就像你永遠無法叫醒裝睡的人。一段真正的親密關係，應該是相互陪伴，是陪著對方「自己治癒自己」。

我們無法選擇童年，卻可以在成年之後，和愛人建立真正的親密關係。這麼美好的事情，想想就令人激動，不是嗎？

婚姻是一個自我覺察的機會

婚姻既能讓我們靠近自己，也能讓我們遠離。選定一個人，期待和他共度一生，這是我們依據心之所向做出的選擇；這時，我們正不斷靠近自己。選定一個人，把期待都放在對方身上，慢慢忽略了對自己的覺察；這時，我們正不斷遠離自己。

放下對對方的期待和要求，把婚姻當作自我覺察的機會，才是我們對待婚姻最好的態度。

決定和一個人結婚時，我們可以問問自己：「跟他在一起的時候，我對自己的認識是否更深入了？」

婚姻出現問題時，我們可以問問自己：「我在衝突中看到了哪些擔憂和焦慮？」

覺得婚姻不幸福時，我們可以想想究竟是心底的什麼願望沒被滿足。

婚姻關係帶給我們加深自我覺察的機會。小L就是這樣選擇了自己現在的伴侶。

他們剛認識時，對方不太懂得關心和體貼她，也並不滿足她之前對另一半的幻想。但是，跟他相處時，她覺得離真正的自己更近了一些。每次聊天，對方都能激發她對自己的想像，這讓她有一種前所未有的幸福感。這種幸福感來自她對自己的覺察，是這段關係給予她的禮物。

現在她聊起對於婚姻的期待，更多是在說婚姻能否給予她更多成長空間和可能性，讓她成為自己最想成為的那種人。

我想，這跟她放下「被治癒」的執念密不可分。試想，如果她依舊希望被婚姻治癒，忽視了自我覺察，那這段婚姻依然無法達成她的想望——任何婚姻都不行。

要記得，在兩性關係和婚姻中，我們應該在自己身上下功夫。我們應該建立一種適合進行自我覺察、療癒的親密關係，而非期待找到一個人，把自己的傷痕都交給對方負責。當我們把重點放回自己身上，就會離真正的幸福更近一步。

第7章

不吼不叫的家長，也能養出好孩子

孩子的叛逆是管出來的

沒有什麼比青少年選擇結束自己的生命更令人惋惜的事了。近年來，青少年出於各種原因選擇了結生命的案例頻頻發生，讓人越來越憂心。我們的親子關係到底怎麼了？

你可能也看過那個讓人觸目驚心的影片：一個十七歲男孩在車內和母親吵架後，打開車門從橋上一躍而下。監視器錄下了一切，從他跑下車到跳下橋，不到五秒鐘，一個年輕的生命就殞落了。究竟是什麼原因，讓他寧願縱身一躍，也不願意溝通和求助呢？他一定積累了很多委屈、怨恨，才會如此絕望吧？他究竟經歷了什麼，我們不得而知，只知道他毅然決然地離開了這個世界。

還記得孩子小時候那可愛的樣子嗎？我們把他抱在懷裡，認為我們和他有著全世界最甜蜜的關係。孩子長大後，開始去探索這個世界，但只要我們張開雙臂，他便會馬上衝向我們，把頭埋進我們的懷裡。可是漸漸地，我們開始失去他們。孩子厭煩、抱怨、隱瞞、欺騙我們，而我們再也猜不透他們的想法。許多親子關係都會經歷這樣的過程，甚至形成日益加劇的衝突。

理想的親子關係是什麼模樣？我們失去的又是什麼？

理想的親子關係，是能順暢溝通

越來越多父母已經意識到，「孝順」、「聽話」和「親近」這些字眼已經不足以形容理想的親子關係了。

孩子很孝順，不代表我們真的得到他們的尊重。很有可能，他的孝順只是在討好作為父母的我們——因為他們認為自己不值得被愛，只能靠討好來換取我們的愛。

孩子很聽話，不代表我們的意見真的被孩子所認同。很有可能，他只是在我們的嚴厲管教下喪失了主見。這會在他的人生中埋下一顆炸彈，或許不久後的將來，這顆炸彈將被引爆，不僅會傷害他，也會破壞親子關係。

孩子跟我們很親近，不代表我們聽到的是孩子最真實的表達。很有可能，他只是在物質上依賴我們，精神世界卻跟我們很疏遠。這種親近會讓我們自以為很瞭解他，殊不知，他早已在內心對我們豎起了高牆。

對孩子不滿意的時候，我們常說：「你怎麼這麼不聽話？你到底有沒有在聽我講話？你知不知道我為你付出了多少？」

這類充滿指責的話語，有些是不經意脫口而出，有些則表達了我們作為父母的無奈。

孩子呢？年幼的孩子還不懂事，會透過尖叫、打滾、哭泣或大喊「不要」來發洩情緒；年紀大一些的孩子則會不屑地說「不知道」、「隨便」或者「嗯」，甚至把自己關在房間裡一聲不吭。他們是在用這種方式告訴父母：「我拒絕溝通。」

理想的親子關係並非毫無衝突，也非表面的父慈子孝，更非不聞不問，而是雙方都能表達意見，並盡可能理解彼此；即便不理解，也相互尊重。

如果親子關係是一棵樹，「尊重」就是樹根，「理解」就是樹幹，「表達」就是依託於樹根和樹幹結出的甜美果實。可以結出「表達」果實的關係之樹，才是理想的親子關係，我們稱之為「可以順暢溝通」的親子關係。

在這樣的關係裡，即便雙方不認同彼此的想法，父母和孩子都有溝通的意願。孩子不因為懼怕而隱瞞，不因為不被理解而憎恨，不因為不被接受而放棄表達。父母不因為孩子不服從而指責，不因為孩子不明事理而敷衍，不因為孩子天馬行空而批評。雙方都能心平氣和地說出自己最真實的想法，並傾聽對方的意見，這樣才能從根本上減少極端的親子關係衝突。

父母的權威心理，破壞了理想的親子關係

親子關係出現溝通不順暢的問題時，癥結肯定不在孩子身上。孩子之所以不想表達，就是因為父母不自覺的權威心理。

《弟子規》這麼說：「父母呼，應勿緩；父母命，行勿懶。父母教，須敬聽；父母責，須順承。」我們大多在父母的權威管束下長大，又試圖在孩子心中樹立這種權威。孩子漸漸長大時，我們不允許他們違背我們的意願，慢慢地，他們要嘛不再想表達，要嘛會用激進的方式來引起我們的重視。

父母樹立權威的目的是讓孩子有所敬畏，從而規避不必要的風險，這本

身沒有錯。但是，很多父母把樹立權威當作目的，不願意傾聽孩子的聲音，這是不對的。**權威只是手段，不應該成為目的。**別忘了，我們的目的是建立美好的親子關係，給予自己和孩子充足的成長養分。

父母不想聽，所以孩子不願表達；父母不認可孩子，所以孩子不接受自己；父母沒有教孩子怎麼說，所以孩子不懂如何表達；父母不允許孩子成為「自己」，所以孩子失去了自我，而父母失去了孩子。

有人說：「我就是在父母的嚴厲管教和權威中長大的，長大後反而很感激父母。」對於這些人，我想問的是：「你小時候如果惹了麻煩，願意求助自己的父母嗎？他們會無條件支持你、包容你，做你堅強的後盾嗎？還是說，你寧願自己扛著，也不願意告訴父母，因為他們對你的指責和批評，遠比那個天大的麻煩更讓你受傷。」

如果你的父母會無條件接納你，那麼恭喜你，你的父母只是有點嚴格，並非具有權威心理。有權威心理的父母往往只在乎自己，以至於被蒙蔽，看不到孩子的無助，聽不見孩子的心聲。

父母儘早排查自己是否具有權威心理，有百利而無一害。當你批評、指責、謾罵孩子的時候，請問問自己這三個問題：

- 我是否在鼓勵孩子看見自己？
- 我是否能告訴孩子接受自己？
- 我是否真的允許孩子成為自己？

孩子貪玩時，我們是鼓勵他正視眼前的情緒和問題，還是一味要求他乖乖聽話？孩子發脾氣時，我們是告訴他這是一種正常的情緒，應該學會與之共處，還是粗暴且沒道理地說「你再鬧，我就要生氣了」？孩子沮喪地說他不喜歡彈鋼琴時，我們是允許他選擇自己的愛好，還是氣急敗壞地說「你知不知道我為了讓你學鋼琴，付出了多少心血」？我們開始反思自己時，就邁出了衝破權威心理的第一步。

放下我們想要的，關注孩子想要的；離自己的權威心理遠一點，就可以離孩子的心更近一點。只有鼓勵孩子看見自己、接受自己，最後成為更好的自己，才能讓親子關係這棵大樹結出最甜美的果實。

孩子的問題其實出在父母身上

如果你希望擁有「可以順暢溝通」的親子關係，卻不知道該從哪裡著手，那麼接下來的內容也許會給你一些啟發。

親子衝突的問題成因

據觀察，包括我在內的多數父母面對孩子時都是傲慢的，總是抱著「我是成年人，難道還不如一個孩子嗎」的心態。如果說我們這些成年人的自我認知其實一直停留在九歲，你或許會覺得我在開玩笑，但事實就是如此。

英國專欄作家艾倫．沃特金斯博士在 Ted Talks 上講過這樣一段意味深長的話：

我們第一次從鏡子中看到自己，意識到裡面的人原來是自己，同時也是我們第一次意識到自己的存在。

我們兩歲的時候，覺得自己的存在就是全世界，我們餓了就是全世界餓了。那時候我們感受自己，認識自己，卻分不清楚「我是我，世界是世界」。

在三到六歲的時候，我們發現原來自己餓了不等於全世界都餓了。我和世界是不一樣的。我們開始明白每個人有自己的意識，認知到「我是我，世界是世界」。

在六到九歲的時候，我們不單認識了世界，還開始瞭解其運行是有規則的。我們發現了衝破規則的樂趣，想要探索規則。

然後……就沒有然後了。

絕大多數人的自我認知停在九歲，一個知道「我和世界不一樣，世界運行有規則」的年紀。青春期的時候，人們用九歲的認知試探規則的邊界；成年後，人們用九歲的認知在社會中接受新的規則。哪怕是所謂的「成功者」，擁有令人羨慕的事業，成為某一領域的佼佼者，也依然在用九歲的認知來面對這個世界。

想知道你的自我認知是否停留在九歲，可以看看你是否經常有這些想法：「是他的行為讓我生氣」、「是你的言詞讓我痛苦」、「是你們的表現讓我不開心」、「是規則讓我沮喪」——總之，「是這個世界讓我感受到我所感受的一切」。

對某些三口之家來說，表面上是兩個成人在養育一個孩子，實際上卻是三個停留在九歲認知的「小朋友」在玩「火星撞地球」。

比如，每當我批評六歲多的女兒時，她就一聲不吭地站在那裡，有時還會瞪我。本來，她的錯誤並不嚴重，但她的態度讓我特別火大。我就想，如果她在我快要發火時走過來、抱著我說「媽媽我錯了」，我肯定就不會繼續發火了。

於是，我抱著想和女兒建立理想關係的心態，心平氣和地對她說：「下次媽媽再吼妳時，妳不要站在那裡不說話，試試看走過來抱抱媽媽，媽媽就不會生氣了。」她欣然同意了，但下一次依舊一聲不吭地站在那裡，用憤怒的小眼神瞪我。反覆幾次之後，我突然間意識到，我一個三十多歲的成年人，居然要求一個六歲的孩子主動解決親子關係衝突，這多麼可笑啊！

父母認為，正是因為孩子不聽話，自己才會生氣；孩子認為，正是因為父母百般阻礙，自己才會大吼大叫。誰都不懂得如何終止這種痛苦的迴圈，都覺得自己是受害者，都沒有意識到自己身上發生了什麼事，只是深陷於情緒之中，認為這個世界和其規則要為我們的情緒負責。

這時候，父母要放下自己的傲慢，意識到問題出在自己身上，然後由此開始真正認識自己。

學會認識自己

認識自己是最難的部分，我們可以從以下幾個方面開始。

第一步，認識自己的情緒。

如果你還記得前面提到的「認知三角形」，就應該知道，不是孩子惹惱了我們，而是我們的認知讓我們認為自己被惹惱了。孩子沒有拿著一顆名為

「焦慮」的藥丸逼我們吃下去，是我們因為預期沒有得到滿足才感到焦慮。可是，我們把自己的情緒怪罪到孩子身上，批評、指責甚至謾罵他們。儘管多數父母事後會後悔，但下一次仍舊會重蹈覆轍。這時候，我們需要進一步認識自己。

第二步，認識自己生命的意義。

如果我們明知問題出在自己身上，卻依舊控制不住自己，那就說明我們在親子關係裡丟失了自我。我們把孩子當成了自己，把生命的意義寄託於另一個生命。但實際上，就算這個生命是我們創造的，它的意義也不等於我們的。我們要去尋找自己存在的意義。

第三步，認識自己的人生方向。

或許你會覺得這和親子關係扯得有點遠，可是，當父母在生活中迷失方向，很容易把這種迷茫帶進親子關係中，讓孩子感覺好像一切都是他的錯。在生活中擁有明確人生方向或積極尋找方向的父母，會把自己對生活與生命的熱愛傳遞給孩子。這是言傳身教的意義，對化解親子關係衝突非常關鍵。

幫助孩子正確地認識自己

對很多父母來說，不帶任何主觀色彩地教孩子認識自己，是一項極大的挑戰。通常，我們和孩子都是在批評中逐步認識自我。

「就知道哭，除了哭，你還會什麼？」孩子知道哭是一種讓人討厭的情緒，卻不知道如何停下來。

「你可以專心一點嗎？腦子都在想些什麼？」孩子知道必須專心，卻不知道如何才能做到。

「你怎麼能打人呢？」孩子知道打人不應該，卻不知道自己為什麼如此憤怒。

如果我們在孩子哭泣時跟他一起探討這份傷心，在他放空時詢問他被什麼東西吸引住了，在他打人時嘗試理解他為什麼憤怒，孩子就會在父母的陪伴下越來越瞭解自己，而非隱藏、厭惡自己。只有這樣，孩子才會對父母敞開心扉。

我問女兒：「媽媽在發火時，妳為什麼一聲不吭呢？」她說：「我只是不知道說什麼。」這麼簡單的一句話刺痛了我。我的女兒在不知道該怎麼做時，不會求助她的媽媽，因為媽媽只顧發洩自己的情緒。我沒有教會女兒如何認識自己，反而先教她如何平息別人的怒火。一個自顧不暇的人，怎麼可能拯救別人呢？長久下來，這種關係會是什麼樣子？我不禁感到害怕。

好在我已經意識到這些，也不斷加強自我學習。就像婚姻不是療傷的管道，而是自我覺察的機會一樣，親子關係也是一種加深自我認知、促進成長的機會。

透過孩子，我們看到了自己。當我們厭惡孩子的行為時，請不要忘記，他們是我們行為的鏡像。一旦開始意識到親子關係中的問題主要來自父母時，我們就有了穩固的基礎。

接納自我，進而接納孩子

「被接納」是人類最大的心理訴求，孩子當然也是，這會讓他們的內心湧起強烈的幸福感，給予他們強大的力量。

我女兒常說一句話：「媽媽，妳看我！」如果我用欣賞的目光看著她，她就會開心地笑起來，散發自信的光芒；如果我沒有看向她，她就會黯然走開。孩子渴望被看見、被接納、被欣賞、被認可，這是可以照亮他們整個世界的明燈。

孩子的痛苦常源自父母的不接納

還記得你第一次說謊的時候嗎？我已經忘了自己第一次說謊是為了什麼，但記得我小時候經常對父母說謊。有時候，說謊不是為了隱瞞錯誤，而是編造一些我沒做過的好事，好讓他們誇獎我。因為我認為他們更喜歡那樣的孩子。

事實上，真正讓我跟父母疏遠的，並不是他們的耳提面命和苦口婆心，而是不接納。

記得我讀高一的時候，有一次下課時間，一個高年級男同學堵住我的路，嬉皮笑臉地說晚上放學後要送我回家。我拒絕了他，他卻說：「放學後，我在妳們班門口等妳。」我害怕極了，不知所措。我的同學為我出主意：「打電話給妳爸，讓他來接妳。」

我當時有些猶豫，因為爸爸對我一向比較嚴格，我擔心他會因為這件事罵我。我的同學卻說：「又不是妳做錯了什麼，他為什麼會罵妳呢？」想想也是，我就給爸爸打了電話。那天晚自習快結束時，我看到爸爸在班級門口等我，頓時安心了。放學後，我徑直走向爸爸，那個男同學嚇得轉頭就跑。

故事到這裡本是一個美好的結局，但我爸在回家的路上一言不發，似乎對我很不滿意。我不知道他在想什麼；他好像認為我也有錯，所以用沉默來讓我反省。

想到同學那句「又不是妳做錯了什麼」，我就覺得十分委屈，默默流了眼淚，發誓以後遇到類似的事情，再也不會告訴他了。那一天，我感覺到父親對我的不接納，似乎認為我是一個會惹麻煩的女兒。這種想法一度讓我陷入自我否定的痛苦之中。

那個男同學後來又在課間找我，繼續提出同樣的要求，我沒敢再告訴我爸。這件事對我造成不小的困擾，還好最後沒出什麼問題。

如果我和我爸的關係沒有得到修復，恐怕會從此越來越疏遠。直到後來發生另一件事情，改變了這個局面。

升學考試前我壓力很大，一直擔心考不好，有一天竟因此哭了起來。一向不樂見我哭的爸爸竟然把我抱在懷裡，雲淡風輕地對我說：「沒關係，考不好也沒關係，我們能走的路還有很多。有爸爸在，妳就什麼都不用擔心，考出妳自己的水準就好了。」

一瞬間，我感覺爸爸真誠地接納了我，允許我成為一個考試失敗的孩子，並且不會因此減少對我的愛。因為我被接納了，所以我接納了自己，願意用真實的自己面對父母，自我否定的痛苦才離我而去。

別把自卑變成孩子身上的枷鎖

父母不接納孩子，往往是因為他們無法接納自己。他們的人生經歷留下的陰影，都會幻化成自卑情結和所謂的「教訓」，然後以「教育」之名成為套在孩子身上的枷鎖。

我認識一個不善言辭、自認「社交能力很差」的父親。他認為自己的孩子同樣沒有社交天分，急於改變孩子，恨不得分分秒秒待在身邊提點他。他經常帶孩子去一些社交場合，試圖鍛煉出社交能力。出發前，他會認真為孩子挑選衣服；飯局中，如果看到孩子坐姿不端正，就會輕觸孩子的後背提醒他；回家後，他會讓孩子反省哪裡沒有做好。他還買了一本《羊皮卷》，要求孩子仔細閱讀，儘管孩子根本還看不懂。

這為孩子帶來極大的心理負擔。本來氛圍輕鬆的迎來送往，變成了人生的績效考核。於是，孩子時刻都在想：「我的舉止是否得體？我是否冒犯了別人？我是否顯得不夠優秀？我是否讓爸爸失望了？」

這位父親錯了嗎？他不希望孩子重蹈自己的覆轍，何錯之有？雖然他的意圖沒錯，但方法錯了。他用自己的經驗套牢孩子的人生，讓孩子喪失自主探索的可能性，還放大孩子對社交的恐懼。這種恐懼不僅來自社交場合本身，還來自父親的不接納。待孩子長大成人後，這種恐懼會使孩子無法接納自我。

父母通常會基於自己的經驗來要求孩子，但他們越擔心什麼，就越會在孩子身上看到什麼。因為他們的焦慮，會潛移默化地傳遞給了孩子，成為套在孩子身上的沉重枷鎖。

瞭解人性，培養優勢思維

為了緩解自己的焦慮，而傷害孩子自主探索的勇氣，實在得不償失。如果這位爸爸理解人的多樣性，就會明白世上沒有完全相同的兩個人。並不是只有善於交際的人才會被這個世界所接納，而不善言辭的人就會被社會淘汰；不是所有人都需要靠與人交往來獲取能量，有的人就是喜歡獨處。

其實，前面提到的這位父親是小有成就的企業家，他根本沒有因為不善交際而被社會拋棄。恰恰相反，正是因為喜歡獨處、愛鑽研的個性，他才有今天的成就。社交場合對他來說永遠是種能量消耗，會讓他感到緊張。但又怎樣呢？這並不影響他運用長處而受到社會認可。

作為父母，我們需要培養優勢思維，不要粗暴地把人的性格特點進行優劣之分。**只要發揮得當，任何性格特點都可以成為優勢。**全球知名人才發展諮詢公司蓋洛普將人的優勢歸納為三十四項，認為每一項都可能帶來麻煩，也都可以被視為優勢。如果對自己有全面而深入的了解，就可以根據自己的特點來應付社會的種種難題。

當父母看到孩子所謂的「弱點」時，不要著急，要想想這個「弱點」背後藏著什麼特點。一個孩子易怒好鬥，同時也敢於競爭；一個孩子安靜內向，同時也善於思考；一個孩子膽小怕事，同時也善於感知和規避風險……這些特質，都可能成為他日後披荊斬棘的優勢，但前提是，他要接納自己。而接納自己的前提是被父母接納。只有具備優勢思維的父母，才能接納自己，進而接納孩子。

當然，接納自己並不意味盲目自信。優勢思維不是要你認為自己無所不能，而是給你一個更積極觀察自己的角度。只有直面並接納自己的個性，我們才能塑造命運。

孩子也需要這樣的成長過程。不同的是，他們的自我接納有賴父母的引導和鼓勵。親子關係和其他關係不同，它包含父母的義務，那就是：無論怎樣，我都要接納我的孩子。

孩子期待被父母接納，所以他們會把塗鴉拿給父母看，希望得到認可。父母如果無法接納自己的孩子，就必然影響親子關係。希望每對父母都能好好地接納自我，進而接納孩子。

與其事後修復，不如事前呵護

親子衝突通常圍繞著學業、家務、朋友、日常生活、穿衣打扮、生活態度等主題。有些衝突醞釀已久，有些則是意外爆發。等到衝突爆發後再去審視親子關係，恐怕就已經太遲了。和其他關係不同，孩子不是成年人，他們的表達和反應都存在很強的滯後性與衝動性。所以，發生衝突就表示，我們與孩子的關係早已出現裂隙，甚至可能積重難返。

親子關係衝突的滯後性與衝動性

曾經有過這樣一則新聞：一個十四歲的男生，因為在眾目睽睽下被母親扇了兩巴掌，轉身從走廊上跳了下去。此類家長和孩子的極端行為，其實是親子關係長期惡化的結果。

相信很多家長都有這樣的體會：孩子年紀尚小時，一件事並不足以改變他的性格。在幼稚園偶爾碰到不開心的事，回家後就會忘記；但如果孩子在幼稚園經常碰到不開心的事，就會有所表現。此外，如果家長一直強迫孩子做不喜歡的事情，他必然會產生強烈的抗拒心理，性格甚至會有所轉變。這時候，他無法明確表達自己的感受，所以衝突不會當場爆發，而是存在一定的滯後性。

孩子到了青春期，開始有自己的想法，在衝突中會變得非常衝動。這時候，他們還沒有成熟到能夠分辨什麼事可以做，什麼事不能做。

我小時候有過這種想法：「父母老是批評我，我乾脆離家出走算了。」這並不是因為父母對我不好，而是我當時心智不成熟，看了一些書或者電視劇之後，產生了幼稚的想法。可是，當父母看著日漸長高的孩子時，經常忘了他們還是孩子，在這個年齡段特別容易衝動。

千萬不要等到有需要時才去修復親子關係。衝突爆發的時候，我們對孩子的傷害往往已經造成且極難挽回。看清親子關係衝突的滯後性與衝動性，正確處理，就能防患於未然。

不要以為孩子是一朵花

我有一個好朋友，育有一兒一女，經常為九歲的兒子發愁。她總向我訴苦，說兒子不會做「雞兔同籠」的數學題；別的孩子聽一遍就會的內容，兒子要花一個晚上；兒子常常無法坐下來專心寫作業，已經氣走好幾個家教。她說：「輔導功課是體力活，有時候我尚且自顧不暇，恐怕只能『靜待花開』了。」

我想，等我女兒到了那個年紀，我也不能著急，要「靜待花開」。

後來我發現自己真的做不到。明明強調了很多遍，她還是會犯一模一樣的錯；說好花十五分鐘寫完作業，她就可以出去玩，她卻會拖一個小時；早上我叫她起床刷牙，她明明已經醒了，卻會再次鑽進被窩。說好的「靜待花開」，瞬間變成「一地雞毛」。

我內心充滿了挫敗感，甚至覺得自己不是一個合格的媽媽，終日急躁難耐。某一次我以客戶身分參與職業發展教練會談，教練導師問我：「『靜待花開』……妳為什麼覺得她是一朵花呢？」

是啊，我從來沒有想過，如果女兒不是一朵花，她會是什麼。我只是想當然地認為她是一朵含苞待放的花。

如今，她對我來說是什麼已經不重要了。她想是什麼，就可以是什麼。如果她註定是一片飄在天邊的雲朵，我又何必期待她開花呢？

當我試著放下對孩子的期望後，便不再焦慮了。女兒寫錯字時，我會對自己說：「她有自己的寫法，不用著急。」她拖延症復發時，我會對自己說：「她現在更想做別的事情，做完那件事再寫作業也可以。」她不想起床時，我會對自己說：「她有自己的想法，可能只是不知道怎麼表達。」

這就是認識和接納的過程。在這個過程中，我也放下了權威心理。

所以，當你面對孩子、抑制不住怒火的時候，可以問問自己：「我對孩子的定位是什麼？他真是我以為的那樣嗎？」識別孩子的天性並擁抱它，遠比費盡心機改變現況更有價值。

樂觀和幽默，比耐心說教更有效

如果我們能夠耐心引導孩子，就有望建立理想的親子關係。在引導的過程中，比說教更有效的是父母的樂觀和幽默感。

開始學寫字時，我女兒總是寫不好。我一開始還能仔細講解，但時間一久，她就開始厭煩我的說教，我的耐心也消失殆盡。我知道，她並不是沒能力寫好，只是不理解國字的結構。

有一次，我靈機一動，用臉部表情和肢體語言模仿她寫的字。我扭曲著半邊臉，聳著一邊肩膀，告訴她：「妳看，這個字本來是個漂亮的小姑娘，但如果妳把筆劃寫成這樣，她就變成了面部猙獰的老巫婆。」看到我的搞怪動作，她被逗得哈哈大笑，也對正確書寫的重要性有了直觀的認識。

這讓我意識到，孩子並不是抗拒父母所有的話，而是那些說教。包裹著耐心的說教，依然是說教。所以，當親子關係「卡關」時，父母不妨換一種溝通方式，也許會達到意想不到的效果。

有人說「父母是孩子終生的老師」，但我認為，比起做老師，父母最好還是成為孩子成長過程中的一面鏡子。孩子能從父母身上看見、認識自己，進而接納自己，父母也能幫助孩子看見外面的世界。

做到這一點並不容易，因為這樣的父母一定要建立「可以順暢溝通」的親子關係，否則孩子不願意敞開心扉，父母也就無從成為孩子的明鏡。最好的親子關係，絕對不是為了解決衝突而存在，是能夠有效防範衝突發生。

勇於認錯，蹲下來跟孩子說話

我經常因為對孩子比較嚴厲而陷入自責和內疚。一方面，我覺得孩子需要嚴厲教育，另一方面，我擔心這會適得其反。自責和內疚在大衛・霍金斯的情緒能量表中排在低頻能量的第二位，緊跟排名第一的低頻能量——會帶來自閉和死亡的羞愧感。

自責和內疚雖然很常見，卻相當值得重視。大概有很多父母會因為自己不夠完美而自責，這一節，我想跟這樣的父母聊一聊。

任何書都不能限定你如何和孩子相處，這一本也不行

你即將成為爸爸媽媽時，是不是也興奮地買了育兒書？孩子牙牙學語時，你是不是也買過朋友推薦的親子關係書？孩子不聽話時，你是不是也經

常瀏覽網路上的各種育兒文章？

看過這些書和文章後，你也許會在腦海中勾畫完美父母的形象。又或者，你看了那些負面案例，忍不住對號入座：「難道我是自私型父母？我不會是操控型父母吧？我是不是給孩子留下了難以抹滅的心理陰影？」

那些建議和經驗分享，似乎成了為人父母的ＫＰＩ（關鍵績效指標），時刻戳痛他們的心病，擔心自己是「未達標父母」。

我想說的是，沒有哪本書或哪篇文章可以規定你應該如何和孩子相處，就連這一本也不行。每一種親子關係都是獨一無二的，當我們給自己套上「完美父母」的框架時，就等於綁架了自己，還限制了孩子。

當孩子沒有按照既定劇本做出反應，或者我們沒能按照育兒「聖經」去回應孩子，自責就會在我們心頭蔓延開來，變成洪水猛獸將我們吞沒。

這些書或文章的作者，本意是為那些迷茫中的家長打開一扇窗，提供更多可能性，而不是要讓他們套上「必須這麼做」的枷鎖。他人的觀點，僅供參考，不應該被當成評判家長的標準。

與其自責，不如勇敢面對不足

如果我們做錯事，就應該勇敢承認，哪怕是在親子關係中也一樣。成年人並不因為變成了父母，就喪失改正錯誤的權利；孩子也不因為年紀小，就應該免於遭受挫折和委屈。

親子關係中，父母也是在一步步小心摸索。父母無法做到完美，也無法保證完全沒有衝突。只有勇於面對困難，才能有效化解衝突，讓親子關係向著理想狀態更近一步。

有一位母親，因為打了不愛練琴的孩子，來找我進行會談。那是我做過最「失敗」的一場會談。從客戶開始講述自己打孩子的經歷起，我就跟她一起陷入了深深的自責和內疚中。同為媽媽的我，完全能體會她痛苦的掙扎。

她面對自己的錯誤，不知道該如何自處。我想說，我也一樣。所以，當她帶著低迷的情緒進入會談，又帶著沉鬱的情緒離開時，我的內心被無力感刺痛了。因為我和她一樣，不敢面對自己的錯誤，會控制不住脾氣，也會喪失耐心。

如果能夠重來一次，我會這樣問她：

- 妳很自責，是嗎？
- 妳好像不願面對自己會暴怒甚至打人這件事情，是嗎？
- 妳在害怕什麼？
- 如果妳能勇敢面對打人這件事，妳會怎麼看待自己呢？
- 妳能接受這樣的自己嗎？
- 如果妳接受／不接受這樣的自己，會怎麼樣呢？
- 想一想未來再遇見這樣的情況，妳會怎麼做？

父母總要面對與孩子的衝突，只有足夠勇敢，才能體會個中曲折，也才能放過自己，更好地面對孩子。承認自己也會犯錯，然後把身段放低，蹲下來跟孩子進行平等對話，是為人父母的修行。

不要低估孩子的包容心

父母跟孩子發生衝突後，最擔心的是自己的行為會不會對孩子造成陰影，或者孩子會不會從此疏遠自己。其實，父母往往低估了孩子的包容心。如果能在衝突之後跟孩子說明自己發脾氣的原因，尋求諒解，並約定以後不亂發脾氣，孩子便會欣然原諒父母。我並不是說孩子應該無條件體諒父母，只是，及時補救比自責更有用，也能防止衝突帶給孩子永久的傷害。

你可以按照以下步驟跟孩子致歉：

第一步，情緒平復之後，先審視自己的「認知三角形」，搞清楚是什麼想法讓你有了情緒，進而導致這樣的行為。

第二步，抱抱孩子，跟孩子一同坐下來，告訴他你想跟他聊聊剛才發生的事情。

第三步，用孩子聽得懂的語言，把你的「認知三角形」講給他聽，讓他理解你為什麼會有剛才的行為。

第四步，誠懇地跟孩子道歉，並請求他的原諒。

第五步，跟孩子做一個約定，比如，將來再遇見這樣的事情，孩子可以做什麼、你可以做什麼。讓孩子知道，這樣的衝突是完全可以避免的。

第六步，跟孩子說：「你知道嗎？不論發生什麼事情，我都很愛你。哪怕是我發脾氣的時候，也絲毫不影響我對你的愛。」

我相信，每個孩子都有一顆包容的心。當父母表達愛意並尋求孩子的原諒時，孩子內心的陰霾就會很快散去。

世上沒有完美的父母，我們也可能是做錯的那一方。父母只有不斷尋求自我成長，才能以更積極的能量來面對親子關係衝突。

在情緒面前，父母和孩子應該是平等的。我們最好不要用權威心理去管理孩子，也不要放縱孩子，應該學會蹲下來跟他們對話。承認彼此的情緒並進行一場平等的對話，是處理親子關係衝突的最佳方式。

第8章

與父母和解，就是跟過去的自己和解

「父母皆禍害」是個藉口

精神分析理論認為，童年時的親子關係會影響人的一生，我們終其一生都是在彌補童年的缺失。人們據此得出一種「原生家庭宿命論」，認為原生家庭決定我們的過去、現在和未來。

「原生家庭宿命論」引起的共鳴

近年來，許多探討原生家庭的影視作品贏得了不少關注。比如，陸劇《都挺好》裡的蘇大強和《歡樂頌》裡樊勝美的媽媽，就是「禍害」孩子的典型。這些影視作品之所以受到年輕人歡迎，很大程度上是因為它們引起了大家的共鳴。

早在二〇〇八年，豆瓣網上出現了一個叫作「父母皆禍害」的小組，宣導「在孝敬的前提下，抵禦腐朽、無知、無理取鬧的父母束縛和戕害」，生動地反映了年輕一代對原生家庭的負面認知。

「原生家庭宿命論」聽上去很有道理，但值得警惕的是，它被很多人當成拒絕成長的藉口。如果我們把生命中的不幸完全歸咎於父母，就很容易忽視自己在成長過程中應該承擔的角色。

「原生家庭宿命論」的致命殺傷力

為什麼「原生家庭宿命論」會引起這麼多共鳴？因為它是一塊遮羞布。把自己的失敗或不幸歸因於原生家庭，能讓我們的內心獲得片刻安寧。

當我們自卑時，可以說：「這都是因為我小時候爸媽從不鼓勵我。」當我們婚姻不幸福時，可以說：「這都是因為我小時候爸媽經常吵架。」當我們無法和情緒共處時，可以說：「我只是活成了媽媽的樣子。」當我們被指責過於冷漠時，可以說：「我只是活成了爸爸的樣子。」

甚至，有些人觸犯法律後，也拿原生家庭當擋箭牌：「這是我父母的控制欲造成的。」

這種「非我」的歸因，讓人減少很多心理壓力。一想到自己並非罪魁禍首，良心就擺脫了拷問。原生家庭本是用來進行自我探索的，最終卻讓很多人進入了「我可以不用負責」的舒適區。

這種認知相當致命，會催生兩種人：一，徹底認命，放棄自我成長的機會；二，以極端方式與原生家庭決裂，刻意成為與父母不同的人。兩者都不可能從根本上消解原生家庭衝突。

小R是我的好朋友，從小衣食無憂，高中就出國讀書，畢業於海外某知名大學。但是，她對自己的父母有著深深的怨念，因為他們經常在言語上羞辱她。比如，父母說她「什麼都做不好，根本不值得被人喜歡」；在大庭廣眾之下，說她的新髮型讓她像個醜八怪，又老又醜；嫌她穿的衣服難看，不讓她和他們走在一起等等。結婚後，她的父母也是動輒挑剔她老公，對她的小家庭進行各種貶低和嘲諷。

按理說，她能接受很好的教育，成為優秀的人，和家庭教育絕對是有關的。可是，她的父母同時也是她的噩夢，讓她自卑，時常懷疑自己，焦慮不安。她跟我說，她絕不會成為像父母那樣的人。她成年後做的所有決定都是為了擺脫父母——去最遠的地方讀書，在異國工作，極少回家。一切都是為了不和父母在一起，物理和心理上都和他們保持安全距離。

如今，她在異國養育了兩個孩子，也漸漸理解為人父母的苦心。每每想起家鄉的一切，她難免有些孤單。她對我說：「如果可以重來一次，我不會被急於擺脫原生家庭的執念控制我的人生。我會更理性地看待自己的人生選擇。任何依附和逃避，都不是真正的『對自己負責』。」

小R的經歷說明，刻意遠離父母，其實還是被「原生家庭宿命論」控制著。正因為相信父母導致了自己的不幸，她才會如此徹底地逃離。

長大成人後，我們自然要對自己的生活負責，而非怪罪父母。

我們的未來，並不取決於過去的遭遇，而是每一個當下的決定。過往的經歷，不能成為我們拒絕成長的藉口。

原生家庭衝突下的自救指南

前面說過，不是所有衝突都是可以解決的。有些衝突，我們既不能控制，也不能制止當事雙方的行為，卻要承受它們帶來的傷害。在這一章，我想聊一聊，在原生家庭衝突中該如何自救。

你只是剛好出現在這一場衝突裡

面對父母之間的衝突，我們應該明白，我們只是ＮＰＣ（遊戲中的非玩家角色）。這話似乎有點費解，因為原生家庭衝突的傷害是實實在在又無法擺脫的，怎麼可能以旁觀者心態視之呢？

我有一個朋友叫小美，是家裡的獨生女。儘管她父母都受過良好的教育，她依舊是在「重男輕女」的氛圍中長大。生活上，媽媽對她無微不至，但時不時會說一句：「我要是生個男孩多好，我喜歡男孩。」爺爺奶奶對她也不差，但相較於家族中的男孩，小美總是受到區別對待。

媽媽在潛移默化中給了小美一種觀念：「我是女生，是不受人喜歡的。」在她的記憶裡，爸爸總是缺席。她只記得年紀稍長後，爸爸對她提出了一些要求，比如，待人接物要大方得體，對待家人要主動熱情。

長大後，小美對父母有很深的怨念。她一度覺得自己心理上的瑕疵和性格上的弱點都是原生家庭所致。比如，討好型人格，不敢爭取自己想要的，不夠自信，不會說話等等。她痛恨自己，時常感覺無能為力。

有一段時間，小美遭遇了一些不順心的事，就此陷入了極度缺乏自信的狀態，認為自己讓父母丟了面子。

多年後，我再次見到她時，她已經從當年的自暴自棄中走出來了。我問她：「妳變化這麼大，這中間發生了什麼？」

她說：「我只是突然間想清楚了，我的父母也有自己的原生家庭。他們帶著各自的傷痕，組建了這個家庭。很多時候，他們之間的衝突，根本不是針對我，只是我剛好出現在這場衝突裡罷了。媽媽說喜歡男孩，也不是針對我，因為她也是被傳統觀念綁架的人，正忙著從重男輕女的環境中自救。至於我，只是被她意外傷害而已。」

她的話給了我很多啟發。我們作為孩子，只是剛好出現在父母的衝突之中。這一切並不是因我們而起，自然也不會因我們而終。把自己當作NPC，並不是要把自己和衝突隔離開來，而是明白我們並沒有做錯什麼，只是剛好出現在了這裡。

不用急著走出來，但也不要陷進去。把自己當作衝突中的NPC，放下不應該有的自責，是從原生家庭衝突中自救的第一步。

「自救」指的是從衝突與傷害中走出來，與自己和解，與家人和解。但我認為，其實不用急著走出來，只要不越陷越深，就是一個好的開始。

「走出來」的方法，可能是逃離，可能需要真心的原諒，可能是與自己的創傷和解，或者漠然置之。強迫自己走出來，這個行為本身就會從我們身上帶走很多能量，甚至造成二次傷害。真正能走出來的人，是不需要強迫自己的。

讓一個從小遭受父母言語虐待的人去理解父母、原諒父母，是一種殘忍的道德綁架。**理解和原諒強求不來，而是在生命的特定階段自然發生的。**

不必強求自己從原生家庭衝突中「走出來」，我們能做到的是不讓自己「陷進去」。

用系統思維和事實思維自救

為了避免再度陷入原生家庭衝突，我們需要用系統思維和事實思維這兩種工具來自救。

我在前面講過如何鍛煉系統思維：第一步，要適當地退後；第二步，要經常懷疑自己；第三步，要將系統視覺化。但是，在原生家庭衝突中，我們常會被負面觀點左右。即便能夠做到後退一步，以系統視角檢視問題，依然會認為這個世界是黑暗的，因為我們被衝突蒙蔽了雙眼。

破局的關鍵在於學會運用事實思維，也就是讓事實（而非觀點）占據我們的大腦。前面提到如何區分什麼是事實、什麼是觀點，但我發現，包括我在內的很多成年人都常常把觀點當作事實，並且深信不疑。

簡單來說，事實是發生或存在的真相，可以透過證據證明；觀點是某個人對某件事的主觀意見，是可以辯駁的。在所有人際關係衝突中，我們不但要區分自己腦中的事實和觀點，也要區分別人話語中的事實和觀點，這樣才能掌握事實思維。

「你是這個世界上最蠢的人，你不值得被喜歡」這句話就是觀點，而非事實。

我有一個朋友叫小溫，她的媽媽是那種會給孩子帶來很多困擾的母親，儘管她是無意的。媽媽在日常起居上把小溫照顧得很好，但長期否定、打壓她。每當小溫興奮地告訴媽媽一件好事時，媽媽總會潑她冷水；每當小溫努力想讓媽媽高興時，永遠會有負面評論等著她；每當小溫憑自己的努力取得一點成績時，媽媽都會警告她「別驕傲」。

小溫沒有自信，覺得自己配不上任何好的事情。當她明白這是拜原生家庭所賜時，她比之前更痛苦了。她跟媽媽朝夕相處，這使得她很難從自卑狀態裡走出來。每當她想要從這個泥潭裡爬出來，媽媽就會把她拽回去。她同時也知道媽媽是愛她的，不可能跟媽媽斷絕來往。她自救的意識讓她被更強烈的愧疚感吞沒。

小溫跟我說起這些時，我建議她不要急著「走出去」，先學會在遇到媽媽的打壓時不讓自己「陷進去」。我讓她試著用系統思維來審視媽媽，弄清楚媽媽為何會以這種態度對她，再用事實思維分清楚媽媽的話哪些是事實、哪些只是觀點，最後訓練自己不被觀點所影響，只關注事實。

過了一段時間，小溫對我說，這個辦法對她很有效。小溫說：「當我意識到媽媽的話只是觀點而不是事實時，我就能平靜地面對她散發出來的負能量了。當我看到媽媽處在一個她無法控制的系統中掙扎時，我更心疼她，也更加明白，我不要做受困於系統的人。透過這兩種思維，我收回了對自己的掌控權。」

小溫的故事告訴我們，在「走出來」和「陷進去」之間有一種中間狀態。我們能做的其實是在自我覺察之後，逐漸獲得對自己的掌控權。

希望每個讀者都能明白：**原生家庭的衝突並非因我們而起；我們雖然在衝突中成長，但不一定要受其禁錮。**

祝願每一個在原生家庭衝突中掙扎的人，都能學會掌控自己的生活。

父母的反對，是考驗決心的試金石

父母的反對，是原生家庭衝突的重要導火線。父母不喜歡我們的髮型，我們要不要換？父母不喜歡我們的生活習慣，我們要不要改？父母不認可的戀情，我們要不要結束？父母反對的職業，我們該不該換？父母反對的夢想，我們該不該追求？

有些衝突只關乎雞毛蒜皮，有些則涉及人生大事。不論事情大小，父母的反對都會對我們產生影響。我們無法改變父母，但可以改變和他們相處的方式。

父母的反對，我們一定要聽從嗎？

「父母的反對」似乎不是某一代人的專屬問題，而是所有人的共同難題。父母都曾是孩子，也曾被他們的父母反對過，但當他們為人家長，一樣會行使「反對的特權」。

我成為媽媽之後，同樣認為「反對」是必須做的事情，因為我要保護孩子。但我深知父母很難掌握分寸，一不小心就會變成「過度保護」。

作為子女，與其跟父母辯駁，不如搞清楚自己為什麼會為此苦惱。即使你是一個言聽計從的人，也總有一些時候，你會不顧父母的反對，堅持自我。想一下，你會為了什麼而義無反顧？

三十歲的小林是我的客戶，她因為父母反對她現在的工作而找我諮詢，希望我給她一些建議。她說：「我現在常常要出差，無法生小孩，爸媽希望我換一個更穩定的工作。」

我問她：「父母的意見，妳怎麼想？」她說：「我不知道該怎麼辦。如果爸媽的態度再堅決一些，我也就不糾結了，乾脆聽他們的。但他們現在只是泛泛地表達反對，最終讓我自己做決定，這反而讓我無比困擾。」她的回答出乎我意料；我本以為她希望我教她如何說服父母。

我說：「妳似乎不想承擔責任，也不想為自己的選擇付出代價。而且，妳好像不想要一份穩定的工作，也不是很喜歡現在的工作。」

她說：「是的，正因為我搞不懂自己想要什麼，他們的反對才會變成困擾。說到底，他們只是旁觀者，我卻要為此付出努力，承擔代價。他們不能對我的未來負責，為什麼卻要對我的現在指手畫腳？」

我問她：「如果現在有一件妳非常想做的事，妳還會覺得他們在指手畫腳嗎？」她說：「那我就沒有精力在意他們的意見了，我大概會把全部心力放在這件事情上。」反對意見雖然來自她的父母，但困惑來自於自己。千萬別再說「我因為父母的反對而放棄了自己喜歡的生活」。

能被勸退的選擇，都不是你真正想要的；能被強加的選擇，都不是你自己真正想拒絕的。

反對聲不是衝突的原因，不想付出代價才是

我們往往不是為了反對本身而困擾，而是因為需要付出代價。比如，父母不認可我們的交往對象，如果我們堅持自己的選擇，就要以親子關係不和為代價。這個代價讓我們望而卻步。

面對某種選擇有所遲疑時，就說明我們其實沒那麼想要；當我們不想付出相應代價時，反對意見就成了巨大的困擾。假如有一件事，讓我們付出任何代價都在所不惜時，反對意見就不那麼重要了。

這時候，反對的聲音就像試金石，考驗著我們的決心。當父母反對我們的選擇時，我們可以把焦點放在自己身上，想想以下三個問題：

- 我最關心的問題是什麼？
- 我希望達到什麼狀態？
- 我最想讓爸媽明白什麼事？

小林是這樣回答的：

- 我最關心的問題是：最適合我的職業發展道路是什麼？
- 我最想達成的是：能夠掌握自己的人生，不受外界聲音干擾。
- 我最想讓爸媽明白的是：我會逐步探索更多人生選擇，再衡量哪種選擇最適合自己。父母不需要太擔心，最好可以給我一些時間。

小林想清楚這些問題後，放鬆了很多。她說，她真正的困擾是人生規劃不夠明確，跟父母的態度關係不大。而且，只要能堅持自己的選擇，父母一定會理解並支持她的。

這三個問題有一種特殊的魔力，能幫助我們形成獨立的人格。總之，面對父母的反對，一味順從或反抗都不是上策，想清楚自己真正想要什麼才是重點。

成為自己，從原生家庭中分離

不知道從何時開始，我們和父母之間的對話變了。小時候，我們對父母言聽計從，不敢造次；長大後，我們開始有些不耐煩，甚至不屑。

父母不再令人心生敬畏，我們也不再把他們的感受放在第一位了。甚至在很多家庭裡，父母和兒女的家庭地位發生反轉——兒女會嚴厲斥責父母，動輒批評教育，甚至給他們臉色看。

父母會為此感到難受，有時也會飽含無奈地對兒女說：「你將來也是要當父母的，如果你的孩子這麼對你，你怎麼辦？」

很多人認為，家庭地位對調是很正常的現象。但是，這恰恰說明他們沒有完全從原生家庭中分離出來，也沒有形成獨立的處世方式。成為「父母」很容易，成為「自己」才是獨立。

那麼，我們該如何從這種新的衝突裡走出來呢？最好的辦法是，不論原生家庭給予了什麼，我們都要努力成為自己，完成從原生家庭中分離出來的整個過程。

成為自己，從「不像你對我那樣對你」開始

很多被原生家庭傷害的人，立志要成為跟父母完全不同的人。但是，當他們長大成人，在父母面前具備一定話語權時，往往會用同樣的方式來「管理」這個家。

我就遇過這樣的困擾。從小到大，我媽對我管教甚嚴，有時說話並不會考慮我的感受。我長大後，對她的態度也沒什麼變化，依舊像小時候一樣愛她、依賴她，怕惹她不高興。

讓我摸不著頭緒的衝突發生在我懷孕之後。按理說，她到我生活的城市來照顧我，這是值得高興的事情。但沒想到的是，我們經常吵架。她非常不開心，我也一度很困惑。她會當面指責我的種種不是，還向我爸控訴我的「惡行」，像是我跟她說話時態度很差、經常給她臉色看、不夠尊重她、不在乎她的感受等等。

我委屈極了。我自問雖然不是什麼「貼心小棉襖」，但也不至於像她說的那樣，是個置人於死地的鐵背心。

我不明白，她為什麼對我的說話方式百般挑剔。我心想：自家人說話直接一點有何不妥？在我懷孕的時候，我的親媽就不能體諒我嗎？我甚至認為，一直以來，家人之間都是這樣說話的，而我現在依然如此，何錯之有？

我潛意識中的邏輯很簡單：「我小時候，妳就是這麼跟我說話的，我現在這樣對妳並無不妥。」

我仔細想了想，這一邏輯基於這樣的假設：當我長大成人以後，就有了如妳對待我那樣對待妳的權力。

我不應該變成媽媽；我應該做自己才對。我用她對我的方式來對她，只能說明我還沒有擺脫她的影響，還沒有從原生家庭中分離出來。

我應該去尋找屬於我的、能讓我綻放的土壤，挖掘屬於我的特質，建立真正獨立的人格。

只有終止這個惡性循環，我們才能從原生家庭衝突中跳脫出來，成為真正的自己。

與原生家庭分離的終點，是忠於自己

三十歲的時候，我和媽媽的衝突爆發了。

一開始，我不斷反思自己的言行，希望好好解決我們之間的問題。但是，我漸漸發現，即便我不再用她對我的方式來對待她，還是會本能地討好她，希望獲得她的認可。

這離我真正成為自己的初衷還很遠。我逐漸意識到，跟父母完全零衝突，也不是我想要的狀態。

為了避免衝突而放棄自己的立場，我豈不是又回到了「衝突孬人」的狀態？這顯然不是忠於自己。

那麼，怎樣才算呢？「忠於自己」和「避免衝突」的界線在哪裡？

小時候，我們希望成為父母期待的樣子；長大後，我們希望父母能夠理解我們想要成為的樣子。當我們搞清楚自己的特質，並決定忠於自我時，可以把自己希望的樣子說給父母聽，告訴他們：「也許你們不喜歡這樣的我，但請你們理解，這才是真實的我。」

父母或許會認為這是小題大作，但對我們來說，這是十分重要的儀式，是培養獨立人格這一課的畢業典禮。

第9章

停止自我衝突，做個內心強大的人

向內看，為自己升級

讀到這裡，你應該對幾種常見的人際關係有了比較深入的認識，也掌握了處理衝突和改善關係的技巧。不過，你離真正自如面對各種衝突還差了一點，也就是處理自我衝突。

回顧前面的章節，我們不難發現，所有衝突處理技巧都要求我們具備「向內看」的能力。無論面對何種衝突，都得先調整心態和思考方式，重新定義自己與他人的關係。人際衝突越激烈，傷害越大，我們就越需要「向內看」。

學會「向內看」的好處

「向內看」是一種很重要的能力，但不是所有人都具備。探索欲和求知欲一直驅動著我們「向外看」，站在巨人的肩膀上，以更高遠的視角看這個世界。

但除了看得更遠，我們還應該學會看得更全面。不能只把目光投向遠方，還應該回顧自身。一個不肯「向內看」的人，不可能真正達到高度。

我所說的「向內看」，不只是認識自己或瞭解自己這麼簡單，它意味著透過傾聽內心的聲音，創造自我覺察的機會，主動進行反思，然後據此調整未來的行動，之後再重複上述過程，形成良性迴圈。

前文提到的衝突處理妙招，其實都離不開「向內看」的能力。

有些人認為「向內看」過於感性，甚至覺得只有內心軟弱的人才需要，而內心強大的人只管「向前衝」。這種結果驅動的思維，往往適得其反。

不可否認，「向內看」的終極目的是繼續前進，但如果一味「向前衝」而沒有解決內驅力問題，就會迷失方向。選對賽道，看清方向，確保自身優勢，這些都可以透過「向內看」來達成。否則，就好比一個馬拉松選手，非要參加一場百米賽跑；得不到名是其次，在比賽中找不到節奏的無力感才最令人沮喪。

很多時候，「向內看」為我們提供了一種最理性的解題思路。比如，

第5章的「黃金圈法則」，第6章的「雙鑽石模型」，第7章的「優勢思維」，都是由「向內看」催生出來的。你會發現，學會「向內看」之後，很多衝突都會變得單純。

「向內看」的三個步驟

該如何練習「向內看」呢？可以按照以下三個步驟進行。

第一步，傾聽內心的聲音，跟自己對話。

我們可以透過提問的方式跟自己對話，問自己一些平時可能不會考慮的問題：

- 我的興趣有哪些？
- 我有什麼技能？
- 我的價值觀是什麼？

■ 我的目標是什麼？

如果覺得這些問題太抽象，可以先問一些更具體的問題，再從這些具體問題的答案中尋找抽象問題的答案。比如：

■ 我人生的巔峰時期是哪一段？

■ 如果可以參加自己的葬禮，我希望聽到什麼樣的悼詞？

■ 如果生命只剩最後三天，我希望如何度過？

我曾經覺得這些問題太虛幻，但我的人生軌跡確實被這些問題改變了。就讀MBA時，某一堂課上，老師讓我們分享各自人生的巔峰時期。每個人有三分鐘的準備時間，我用兩分鐘回顧了人生中為數不多的、引以為傲的時刻，發現它們都和我取得的某種成績有關。

輪到我發表時，我突然心血來潮，分享起自己在新冠肺炎疫情中的經歷：剛開始，我協助瑞士某家機構向國內醫院捐贈口罩，並聯繫校友和朋友合力將一萬張口罩運回國。這並不是什麼了不起的成就，也不獨屬於我，但我因此幫助了很多人，從中體會到非凡的成就感。這就是我的巔峰時刻。

這讓我看清楚自己真正想要的生活：能夠影響別人，帶給別人幫助或成長。認清這一點後，我面臨的很多選擇都不再是問題了。

我轉行做職業發展教練時，遭到父母百般質疑，朋友也曾表示擔心。我一度有要放棄的念頭。這一切內在或者外在衝突，都因為我「向內看」而變得不再可怕了。

第二步，創造自我覺察的空間，在傾聽內心聲音的基礎上，進一步探究自己的想法，主動進行反思。

「認知三角形」就是自我覺察很好的方式。只是這還不足以推動我們前進，我們還需要不斷地自我覺察。

- 我到底有什麼想法？
- 我是不是有一些思維定式？

■ 真的是這樣嗎？

■ 這件事有沒有其他可能性？

這些問題有助於我們發現事物更多的可能性，把焦點從「我要控制」轉移到「我要看見」。

第三步，根據覺察結果，調整自己的行動，鎖定目標並向其靠近。

每當有一些新的覺察時，你可以問問自己，如何向著目標再前進一小步。「向內看」不能一直停留在「看」的層次上，而是要進一步去「做」。一個人在深入自我覺察之後，只需要一點點引導，就可以看到以往被忽略的行動方向，拓寬思路。

人生是由大大小小的衝突連接起來的。處理衝突就像在遊戲中闖關：我們不能光顧著打怪，而忘了幫自己升級。「向內看」就是升級的關鍵。

幸福感的終極祕訣

心理學家卡倫．霍妮在《我們內心的衝突》一書中指出：我們內心的衝突來自困擾內心之相互矛盾的神經質傾向，代表的是個體與自我，以及個體與他人關係的紊亂。然而，我們不顧一切解決衝突的嘗試，反倒往往把自己逼上神經症的絕路。

這種相互矛盾的神經質傾向與不顧一切的嘗試，在博大精深的中文裡可以用「糾結」這個詞來概括。

不難發現，我們周圍幸福感很高的人，往往在衝突面前更從容，也更容易主動化解矛盾。那麼，如何獲得更高的幸福感呢？

很簡單，三個字：「別糾結！」也就是知道自己要什麼、不要什麼，敢於對自己想要的和不想要的負責，最後能直擊要害、抓住重點。

想要什麼，不想要什麼

讓人變得糾結的原因有很多——有的人因為尚未發生的事情，有的人因為過去的事情；有的人因為自己的期待，有的人因為他人的期待；有的人因為付出得太少，有的人因為付出得太多。這一切都是因為我們沒有搞清楚自己到底想要什麼、不想要什麼。

糾結的人從不考慮自己真正要的是什麼，更不清楚自己不想要什麼。他們往往考慮太多，能抓住的東西太少。即便得到了什麼，也無法獲得成就感，或是成就感轉瞬即逝。

這些人經常讓人際關係陷入閉環，引發不必要的衝突。糾結的父母，一邊要求孩子贏過別人的孩子，一邊又覺得自己的孩子比誰都差；糾結的戀人，一味地付出，不清楚自己真正需要什麼，而總是質問「為什麼沒有人對我好」。

即便我們不知道自己想要什麼，至少要知道自己不想要什麼。我們應該學會刪去法，對不適合自己或不屬於自己的選擇說「不」。只有這樣，才更有可能迎來自己想要的東西。

勇敢對自己的選擇負責

無論做什麼選擇，都要付出相應的代價。釐清了自己想要的和不想要的東西之後，我們要敢於對自己的選擇負責。保持這種心態，我們才不會回到先前綁手綁腳的狀態。

根據卡倫·霍妮的觀點，人之所以「糾結」，是因為我們具備選擇能力。這是人脫離了單純的動物本能，具備個體意志後的特權。我們可以選擇隨波逐流，也可以我行我素；可以選擇崇拜成功，也可以淡泊名利。這種特權帶給我們很多負擔，讓我們得不到解脫。

我認為，選擇本身並不是困擾的根源，而是我們什麼都想要，卻又不想對此負責。

所以，想要終止內心的衝突，最好的辦法就是拿出責任感來，好好想想我們要為自己的選擇付出什麼樣的代價。

直擊要害抓重點

糾結的另一種表現是：我們既知道自己想要什麼，也做好負責的心理準備，但不知道該怎麼做。

這已經超越了認知，到達行動力層面。這時候，我們需要看清問題的本質，直擊要害抓重點。「直擊要害」就是「雙鑽石模型」裡的兩個「鑽石」——找出對的事和用對的方式做事。這並不奇怪，很多不同的理論模型在底層思維上都有相通之處。

我來分享一下我的「糾結史」。細心的讀者不難從文字中發現，我是一個具有糾結潛質的人。我雖然很容易「向內看」，卻也容易迷失其中。我既想成為人們關注的焦點，又不想顯得過於急功近利，所以經常在面對競爭機會時十分彆扭。

上學時，我很想站上講臺，展現自己，但又不好意思主動舉手，總希望大家推舉，結果老是落空；工作時，我認為自己理應被評為「優秀員工」，但又不好意思投自己一票，結果以一票之差丟了這份榮譽。總之，我既不想顯得爭強好勝，又想獲得別人的認可，真是太糾結了。

我曾認為這是自信不足造成的。但單純增強自信，無助於我突破這種狀態，因為我特別害怕在自信滿滿時被打臉。

現在我再遇到需要爭取的機會時，會先問自己：「我到底想要什麼？」如果這個機會能夠提供我想要的東西，我就會問自己：「我有沒有做好為此負責的心理準備？哪怕結果不盡如人意，會讓我面臨挫敗並付出相應的代價，我仍會堅持這個決定嗎？」

我還會問自己：「我現階段的重點又是什麼？」

如果決定放手一搏，我就會把全部注意力放在如何完成這個目標上。若我覺得準備不足，便會馬上尋找下一個目標，不會停滯不前，也不為錯失機會而遺憾。

在自問這三個問題後，我的糾結症狀逐漸減輕了。我不會把過多能量浪費在自我損耗上，而是將其投入下一件正確的事情。

糾結雖然不是一個好習慣，但也並非罪大惡極。有時候，這也是成就我們人格特點的一部分。不要讓糾結阻礙我們前行，要和內心的衝突共進退。

GROW模型＋設計思維

「向內看」和「別糾結」都是處理自我衝突的有效辦法。但是，如果你覺得它們還是效果有限，可以考慮用另外一些工具作為補充。就好比你認為中醫見效慢，就可以試試中西醫結合療法。

工具和模型可以讓我們養成一種習慣，慢慢地將舊思維取而代之。「認知三角形」、「黃金圈法則」、「雙鑽石模型」、「優勢思維」、「系統思維」都是這樣的工具，在不同場景中會給我們不同的啟發。這一節，我還會介紹兩種非常有用的工具，讓大家有更多思路可選。

GROW模型：制訂成長行動計畫

GROW在英文裡是「成長」的意思，貼切地描述了我們處理自我衝突的根本意圖。GROW模型由約翰·惠特默於一九九二年提出，是被企業教練領域廣泛使用的模型之一，可以有效幫助我們處理具體的自我衝突（見圖9.1）。

GROW的四個字母分別代表了自我成長的四個步驟：Goal（目標）、Reality（現實）、Options or Obstacles（行動方案或阻礙）、Will（行動計畫）。我們可以透過和自己對話來確立每個步驟的操作細節。

第一步，確立一個具體的（Specific）、可衡量的（Measurable）、可實現的（Attainable）、現實的（Realistic）和有時限（Timely）的SMART目標。你需要找出以下問題的答案：

- 你想達到什麼目標？
- 你想改變什麼？

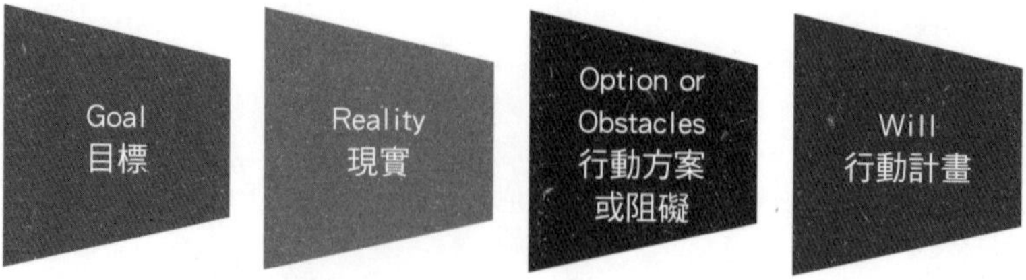

▲圖 9.1 GROW（成長）模型

- 什麼樣的結果會令你滿意？
- 你想要的到底是什麼？
- 如何知道你已經達到了理想的狀態？

第二步，釐清當前的現實，包括已發生、正在發生和馬上要發生的事件，衡量自己所處的位置。你可以從以下角度提問：

- 你現在處於什麼狀況？
- 相對於你的目標，你現在處於什麼位置？
- 到目前為止，你覺得哪些是你做得還不錯的，哪些是不夠理想的？
- 是什麼讓你走到今天的位置？
- 之前的嘗試，讓你獲得什麼經驗或心得？

第三步，積極探尋有助於你實現目標的選項，以及在此過程中會遇到什麼困難和障礙。比如：

- 你現在面臨什麼選擇？還有其他選項嗎？
- 你覺得需要怎麼做，才能獲得更理想的結果？
- 有什麼資源可以幫助自己？
- 如果你這樣做，會有什麼事情發生？
- 你覺得，如果這樣做，最困難的部分是什麼？
- 你覺得這麼做的好處和壞處分別是什麼？
- 你有沒有遇到過類似的情況？
- 如果一切都有可能，你會選擇怎麼做？

最後一步，設立一個明確且具有里程碑性質的行動計畫，並承諾會為自己負責。你可以這樣想：

- 如果要向前邁出一小步，你會做些什麼呢？
- 你打算什麼時候開始？什麼時候完成？
- 你覺得如何才能對自己的行動負責？

- 你此刻對這件事的投入有多少分？沒有滿分的原因是什麼？
- 如何確定你達成了這個計畫？

上述對話可以讓我們快速走出內耗，找到可行的行動方案。大家在面對具體事件而不知道該怎麼做時，都可以試著用GROW模型來處理。

設計思維：六個步驟，改善人生規劃

設計思維在商業領域具有巨大驅動力價值，被很多行業用來開發產品和設計解決方案（見下頁圖9.2）。我最欣賞的應用成果是史丹佛大學設計學院所宣導的「用設計思維來規劃人生」。

設計思維是一種基於解決方案的思維，適用於未被定義或未知的問題。比方說，「如何處理自我衝突」這種複雜問題，在設計思維的引導下會更為清晰。設計思維提倡我們這樣思考並解決問題：

第一步，同理自己（Empathize）。透過觀察、對話、體會等方式，瞭解自己的痛點與需求。

第二步，定義問題（Define）。這一步類似「雙鑽石模型」中第一個「鑽石」的「融合」部分，亦即用簡單明確的語言把問題視覺化。

第三步，建構解決方案（Ideate）。以第二步為基礎，基於解決方案再發散。

第四步，原型試驗（Prototype）。這是很多人都會忽略的一步。有時候，盲目實施解決方案會讓我們承擔過大的風險，或是因顧慮重重而原地踏步。所以，要像設計師一樣，先打造一些原型，進行初步試驗，再決定是否繼續投入。

第五步，測試方案（Test），從中總結出哪些是好的，哪些是需要修正的，不斷進行調整。

▲圖 9.2 設計思維

第六步，重複以上步驟，不斷反覆運算。

在上述六個步驟中，最具實踐意義的便是「打造原型」。設計師要想設計一張桌子，首先要做出桌子的原型，在其基礎上進行修改和完善，形成最終的設計。解決自我衝突也是同樣的道理。

在職業諮詢中，我遇過一些處於自我衝突狀態的客戶。他們有時想跳槽，卻擔心跳槽後狀況更糟；有時想嘗試全新的行業，卻下定不了決心。我會鼓勵他們去打造原型，因為只靠想像是沒辦法獲得答案的。

如果你想辭職開民宿，可以先試著把自己的房子改造成民宿；如果你想跳槽，可以先模擬一下新工作的節奏；如果你想開咖啡店，可以先去咖啡店坐著觀察一週。總之，當你無法抉擇時，可以透過打造原型來敞開視野。這樣，你就能看清楚自己的選擇是否可行。

綜上所述，GROW模型常被用來處理實際問題，而設計思維可以有效幫助我們規劃人生。內心發生衝突時，這兩種工具都有助於我們進行「刻意練習」，用更有效的方式直面當前狀態，找到適合自己的方向。

保持自我溝通的三個方法

溝通包含兩個層面：一是對外溝通，二是自我溝通。如果一個人內心的矛盾和衝突不斷，又無法透過自我溝通來處理，那就會在人際關係中面臨更多問題，因為他大部分的能量都花在內耗上。

最常見的自我溝通，就是內心獨白。獨白，顧名思義，是在獨自一人的情況下發生的，代表了我們不為人知的想法。再來看看它的英文說法「Overlapping Sound」，直譯就是「重疊的聲音」。這個表達十分抽象，意思是我們在對外溝通時，內心往往有另一個聲音。兩個聲音同時出現卻又有所不同，重疊在一起，所以是「重疊的聲音」。如果「重疊的聲音」配合得好，就能「琴瑟和鳴」，反之，則會引發強烈的自我衝突。

以「內心獨白」為表現形式的自我溝通，並不像看起來那麼簡單。自我溝通和人際關係衝突一樣，都是兩種甚至多種聲音的碰撞，不容小覷。而且，失敗的自我溝通帶來的後果，比失敗的人際溝通還要嚴重。

如何進行良好的自我溝通？答案因人而異。人們有不少關於自我溝通的總結，但是，如何把它們變成自己的底層思維，甚至是一種生活習慣，則需要不斷練習。在本書的最後，我將為大家介紹三種很有用的方法。

方法一：和內在的聲音對話

和自己內在的聲音對話，是最簡單、最直接的自我溝通方式。但這種對話往往是無意識進行的。為此，我們需要透過一些練習，把這種無意識變成有意識。

第一步，在紙上畫一個人，把自己內在的聲音寫下來。請注意：此時可以試著區分這些內在的聲音分別來自哪個部位，比如內心、大腦、直覺、身體等。把不同聲音寫在不同的位置，用直線標示出來。可以的話，最好能識別每種聲音所代表的情緒。

第二步，選擇兩種你最想與其進行對話的聲音，想像一下，如果和它們展開對話，會是什麼樣子。可以把這些內容寫下來。

第三步，如果有哪句話對你很有幫助，請把這句話單獨寫下來。未來當類似的聲音再出現時，你就可以直覺地用這句話來回應。

當某種內在的聲音頻繁出現時，我就會用這種方法。比如，養育孩子的過程中，我常跟自己的急躁、不耐煩鬥爭，不時會出現發完脾氣就後悔的情況。於是，我會在獨處時進行自我覺察，看看是什麼聲音導致了我的急躁和不耐煩，然後和它進行對話，直到這種聲音減弱或散去。最後，我會把自我溝通中最有效的那個點，轉化成下一次平息同類聲音的力量。

方法二：設計自己的繆思

我在瑞士讀書時，老師教了一種方法——「設計自己的繆思」（design your Muse）。繆思是希臘神話中主司藝術和科學的九位古老文藝女神之總稱。老師讓我們設計並製作一個自己想像的繆思形象，用於激勵自己。

為什麼要設計一個繆思來給自己當榜樣？我一開始聽到這個方法時，內心有些不屑，認為太過幼稚。

但我後來發現，成年人確實需要一位屬於自己的繆思。很多人都有崇拜的偶像，但那些偶像通常離我們很遠。我們無法完全瞭解他們的經歷與特質，而且，其形象也附麗了我們的諸多幻想。此外，當一個人心智成熟後，他兒時崇拜的偶像可能會發生形象坍塌的情況。我們設計的繆思雖然並非真實存在，卻承載了我們對各種美好事物的嚮往。它能讓我們明白自己希望成為什麼樣的人，讓我們在自我溝通時保持良好的一致性。

設計自己的繆思很簡單。我們可以畫一個可愛的虛擬形象，也可以用電腦剪貼出人格化的圖像。繆思是什麼樣子不重要，重要的是它具有何種特質和象徵意義，而且你每天都能看到。

每當內心出現糾結和溝通障礙的時候，抬頭看看這位自己設計的「繆思」，想想它在同樣情況下會怎麼做。這樣一來，你就能更加篤定自己應該何去何從了。

每當我對生活有新的感悟，就會重新設計繆思，讓它的形象與時俱進。

這個形象有著任何一個真實存在的人所無法企及的品質，又是我可以選擇和掌控的，真的是最好不過了。

方法三：繼續相信座右銘的力量

在人生眾多的活動中，最近一次畢業典禮讓我十分難忘。

有位教授講了一席話，大意是：「如果你真的想要做某件事，就必須找到方法，克服種種阻礙，而且必須保持禮貌和善良，否則別人會離你而去。我看上去有著非常成功的事業，但每年一百五十個專案中，只有不到五十個能夠成功，這意味著我大多數時候都在經歷失敗。因此，你們不要因為失敗而氣餒，而是要反思下一次如何做得更好。記住：Polite persistence wins the day（道阻且長，行則將至）！」

不知為何，這句樸素的話讓我熱血沸騰，瞬間把我的思緒帶回中學時代。那時候，我為了激勵自己，把最喜歡的小說《十七歲不哭》中的語句視為座右銘，寫在各種練習本的扉頁上。

「就算再兵荒馬亂，我也要從容」、「誰不是一邊受傷，一邊學會堅強」、「試試才能行，爭爭就能贏」……每每翻開練習本，我都會看到這些話，然後以更強的動力挑燈夜讀，備戰考試。或許也是如此，我從入學時的中等生，變成了全校第二名。

但不知道從什麼時候起，我不再相信座右銘的力量了。上大學後，每當我被問到「你的座右銘是什麼」，大腦總是一片空白。

當我在畢業活動上再次聽到這樣簡練而鏗鏘的話語，頓時有一種觸電的感覺。這不正是我應該做的事嗎？

我們選擇的道路不免出現阻礙，但只要懷揣著尊重與平常心，不斷向前就好。不需要著急，不需要奔跑，一步一腳印。

我終於明白，就算我長大了，依舊需要座右銘。我不但需要它，還應該儘量將它呈現在我的生活裡。因為座右銘是堅定信念一種非常有效的做法。

隨著年紀漸長，我們難免會認為自己過去的某些言行「矯情」。於是，我們漸漸褪去那分「矯情」。現在我反倒覺得，我們應該把這種「矯情」永遠留在心裡，不要忘記那個曾經把座右銘寫在練習本上的自己。

你的座右銘是什麼呢？好好回想一下，說不定會有意外的收穫。

和內在的聲音對話，設計屬於自己的謬思，相信座右銘的力量，這三個小祕訣，可以持續讓你看清自己、尋找自己、成為自己。

每個人或許都有專屬的小祕訣，但其實形式並不重要，關鍵的是保持自我對話。不論你有什麼情緒和想法，都要給予自己理解、包容，從而實現蛻變與成長。

後記

先看見自己，再接納自己，最後開展行動

「每個人或許都該寫一本書」，這是我寫完這本書之後的最大感悟。

完成一本關於「如何應對人際衝突」的書，大概是我二十幾歲時做夢都不敢想的事。年近四十，我為什麼突然就敢寫了呢？我想，應該不是因為臉皮厚了，而是因為自己走到了這樣一個需要整理思想體系的年紀。

最明顯的就是我在面對親子關係時，越發覺得建立思想體系這件事情非常重要。沒有體系的我，完全靠情緒和直覺做出反應；而有體系的我，開始思考如何按照體系行動。並且，我會抱持積極的能量，不斷豐富或調整我的體系。這帶給我一種前所未有的掌控感。

請注意，不是控制，而是掌控。這種掌控感讓我知道：不論我在這段關

係中遇到什麼無法控制的事情，我都可以掌控自己對待它的方式。先看見自己，再接納自己，最後開展行動，這便是依託於體系的掌控感。

因此，在本書即將完成的時候，我自問：是不是從完筆的那一刻開始，妳就能做一個在衝突中無所畏懼的人了？

我的答案是：我依舊還是那個「衝突孬人」，但與此前不同的是，我似乎接納了自己的「孬」。因為在我搭建起來的體系之中，「孬」不代表軟弱、沒有能力，而是溫和。我確信我找到了一個讓自己在衝突裡既「孬」又強大的方式——擁抱良性衝突。

國家圖書館出版品預行編目資料

真正強大的人，都不怕得罪人：9 大工具，化解 6 大關係難題，從良性衝突中獲益 / 湘萍著 . -- 臺北市：三采文化股份有限公司 , 2023.02
面； 公分 . -- (Mind map ; 252)
ISBN 978-986-342-693-6(平裝)

1.CST: 人際衝突 2.CST: 衝突管理

177.3　　111019997

◎封面圖片提供：
ElenaMedvedeva ／ stock.adobe.com

suncolor 三采文化集團

Mind Map 252

真正強大的人，都不怕得罪人

9 大工具，化解 6 大關係難題，從良性衝突中獲益

作者｜湘萍
主編｜喬郁珊　責任編輯｜吳佳錡　美術主編｜藍秀婷　封面設計｜李蕙雲
內頁排版｜顏麟驊　行銷協理｜張育珊　行銷企劃主任｜呂秝萓　版權副理｜杜曉涵

發行人｜ 張輝明　總編輯長｜ 曾雅青　發行所｜ 三采文化股份有限公司
地址｜ 台北市內湖區瑞光路 513 巷 33 號 8 樓
傳訊｜ TEL:8797-1234　FAX:8797-1688　網址｜ www.suncolor.com.tw
郵政劃撥｜ 帳號：14319060　戶名：三采文化股份有限公司
本版發行｜ 2023 年 2 月 3 日　定價｜ NT$400